创新创业实训系列

公益创新与社会创业
实训手册

主　编　张　锦
副主编　梁海霞　邓　幸

电子工业出版社
Publishing House of Electronics Industry
北京 · BEIJING

内 容 简 介

本书先通过对国内外真实的公益创新与社会创业案例进行解析,使读者从公益性、创新性和社会性的视角,重新审视和理解创新与创业的关系;然后通过实训,使读者掌握解决社会问题的思路与方法。

本书包括 5 个项目,分别介绍了从商业创业到社会创业、发现社会创业机会、商业模式与资源整合、社会创业团队建设和社会创业项目启动与计划管理。各项目均以社会创业价值链为切入点,提炼社会创业活动典型工作要素,并将其有机衔接,从而形成系统的学习内容。

本书按照技能提升由浅入深的规律设置学习内容,呈现方式深入浅出,结合活页式教材特点,突出实战应用价值。本书可作为社会创业(公益创新)教育课程的教材,也可作为社会创业者的读本。

图书在版编目(CIP)数据

公益创新与社会创业实训手册 / 张锦主编. —北京:电子工业出版社,2021.12

ISBN 978-7-121-42605-6

Ⅰ. ①公… Ⅱ. ①张… Ⅲ. ①创业—研究—中国 Ⅳ. ①F249.2

中国版本图书馆 CIP 数据核字(2022)第 016392 号

责任编辑:李　静　　　　　　特约编辑:田学清
印　　刷:天津画中画印刷有限公司
装　　订:天津画中画印刷有限公司
出版发行:电子工业出版社
　　　　　北京市海淀区万寿路 173 信箱　　　邮编:100036
开　　本:787×1092　　1/16　　印张:10.25　　字数:262.4 千字
版　　次:2021 年 12 月第 1 版
印　　次:2021 年 12 月第 1 次印刷
定　　价:45.00 元

序

一场新型冠状病毒肺炎疫情"大考"让公益创新与社会创业逐渐走进大众视野。在本书"序"中，编者想对本书做一个说明，并在此基础上建议读者建立新的学习理念，这将使读者从本书的学习中获得的收益大为增加。

1. 对本书的说明

编者在编写本书之初，就像组织研发产品或服务一样，需要先给读者画像，即确定本书究竟是写给谁的，本书所指向的读者的真正需求是什么，以及何种形式的阐述和训练更有利于读者获取其中的知识并提高实践技能。本书旨在为有志于了解公益创新与社会创业发展浪潮及投身社会创业事业的人提供参考和启发，并使其从中获得实用且好用的技能。与注重理论知识梳理的书籍不同，本书主要适用于社会创业（公益创业）教育或指导社会创业者的公益创新与创业实践。

本书按照技能提升由浅入深的规律将内容分为 5 个项目，每个项目都包含案例和实训。读者可以从大量的公益创新与社会创业案例中获得有关启动社会创业的感性认知；"相关知识"是对前述案例的知识提炼，便于读者总结和内化关键知识；"课程思政"部分联系社会热点与先贤智慧，帮助读者获得正确的价值引领；实训环节通过一个个本土化的社会创业项目的操作，帮助读者将知识转化为实实在在的技能，全面提升读者启动与运营一个公益创新与社会创业项目的综合实战能力。

2. 学习理念

学习理念不同，学习的成效会有很大不同。从形式上看，本书从实用和够用角度向读者呈现知识体系，以启动与运营一个完整的公益创新与社会创业项目的方式突出核心任务训练，体现"教、学、做"一体化思想。如果本着"依据操作指引深入思考并认真完成实训任务"的理念学习，那么读者定能在关键技能上有所收获和提升。

另外，读者还要调整学习习惯。读者在学习公益创新与社会创业的相关知识时，应多从具有参考价值的故事和案例中寻求感悟，联合团队进行深入思考，结合实际动手实践，进而形成来源于真实情境的认识和经验。公益创新与社会创业始于社会问题，终于社会使命的达成，践行公益创新的探索更需要将课堂移到"田间地头"，将使命融入祖国的发展中。从这个意义上说，学习本身就是一堂因向善、向美、聚集正能量而践行社会责任的思政大课。因此，提升读者的公益创新内驱力，使读者扎根祖国大地并服务社会才是学习本书的切题之要。

本书包括 5 个项目，项目一是"走进公益创新——从商业创业到社会创业"，由张锦编写；项目二是"别出心裁，巧捷万端——发现社会创业机会"，由梁海霞、杨敏、杨超丰编写；项目三是"稳中求变，化零为整——商业模式与资源整合"，由张锦、梁海霞、邓幸编写；项目四是"招贤纳士，凝心聚力——社会创业团队建设"，由邓幸、何敏仪、洪銮辉编写；项目五是"步线行针，力学笃行——社会创业项目启动与计划管理"，由张锦、胡颖祯、李霞编写。全书的内容架构制定和统稿工作由张锦和邓幸完成。

本书由广东科学技术职业学院资助出版，得到了致力于创新创业教育研究的杜海东教授的鼓励和推动，也得到了致力于社会创业研究的严中华教授的大力支持，编者在此感谢他们为社会创业教育所做出的努力。本书能够顺利写成，得益于上海聚善助残公益发展中心的周贤和余诗瑶女士，她们在公益创新与社会创业领域开拓性的探索和实践工作为本书开展任务实训打下了坚实的基础。另外，编者在编写本书的过程中也得到了社企星球（北京）科技有限公司和中国社会企业周/中国社会企业家年会创始人刘玄奇先生、广东省天行健慈善基金会秘书长常青女士、珠海市医药流通行业协会会长苏伟坤先生等公益创新与社会创业领域资深研究者与实践推动者的无私分享与启发。编者在编写本书的过程中，借鉴了部分网络资料、相关著作的内容，在此向这些作者表示衷心的感谢！由于编写团队具备的社会创业教育经验较少，理论与实践技能有限，书中难免存在不足与疏漏之处，恳请行业专家与广大读者批评、指正。最后，特别感谢电子工业出版社的李静老师为本书的完成和出版所提供的宝贵建议与指导。

张　锦

2021 年 8 月 10 日于珠海

目录

项目一

走进公益创新——从商业创业到社会创业

2020 年注定是极为特殊的一年，在新型冠状病毒肺炎疫情（以下简称新冠肺炎疫情）的影响下，促进社会变革与管理创新的整体需求比以往任何时候都更加强烈与急迫。从激发市场主体活力的当前需求和百年变局的深远战略角度来看，新时代的企业家精神要求领导团队带领企业战胜各种困难，在爱国、创新、诚信、社会责任和国际视野等方面不断提升自己，努力成为新时代构建新发展格局、建设现代化经济体系、推动高质量发展的生力军。

放眼神州大地，一大批敢想敢为和富有远见的创业者正在开展创新和变革，进而将谋求社会福祉作为组织的社会使命和愿景。尤其是最近几年，我们会发现无论是积极投身于社会服务的社会公益组织，还是积极参与养老助残、扶危济困工作的非营利性组织，或是肩负社会使命，通过开展有利于公共群体利益的经营活动，实现可持续发展的社会创业组织都已经实实在在地走进每个人的工作和生活中。在这一场以创新为主题的时代"大考"中，你我都不是局外人。将时代赋予我们的社会使命融入创新创业过程中，应该成为青年一代努力探索与实践的宗旨和担当。

本项目结合创新的时代发展背景，介绍社会创业与商业创业的异同，走进公益创新的新视野。

任务一　瞄准社会使命——认识创新的公益新形式

案例导入 1

2011 年，从英国留学回国的周贤和她的团队伙伴创立了第一家在线慈善商店——善淘网。善淘网将电子商务技术和慈善商店模式进行结合，打造了一个创新的公益运营模式。

一方面，经济快速发展和生活水平快速提升让闲置物品成为整个社会的巨大资源浪费，善淘网利用电子商务方便、快捷的特点搭建起在线购买或者捐赠闲置物品的平台，鼓励人们将闲置物品或者企业库存产品放到善淘网这样一个善意消费平台上，通过购买或者循环利用闲置物品的办法，减少碳排放，从而实现闲置物品的价值重构。因为"每一个都有价值，应物尽其用"。

善淘网线上闲置物品捐赠平台界面与线下闲置物品捐赠场所如图 1-1 所示。

图 1-1

另一方面，善淘网着力解决残疾人的培训就业和社会融入问题，并且摸索出一套可持续助残就业的创新模式。善淘网超过 35% 的员工为残疾人，善淘网除了为他们提供各种就业机会，还定期提供各种工作技能培训，以帮助他们更好地自食其力并融入社会。这些残疾员工可以做什么工作呢？善淘网在成立之初就不断优化电子商务工作流程，残疾员工既可以对回收的产品进行分拣、整理、清洁、消毒、包装、分发，又可以通过技术培训进行产品拍摄、图片制作，担任线上平台的客服。善淘网希望通过这样一种创新形式，帮助残疾人得到可持续性和有尊严的工作岗位，因为"人与人之间没有高下，只有不同"。

善淘网的注册公益会员将近 3 万名，还拥有 300 多个合作伙伴（阿里巴巴、三联书店、欧莱雅品牌等都是其合作伙伴）。善淘网要求捐赠者捐赠的闲置物品至少为九成新，这样就保证了在线义卖的质量与口碑。善淘网在线产品销售的所有收益均根据捐赠者和购买者的意愿捐献到指定的公益账户，一部分用来支持在线慈善商店的日常运营，一部分用来支持残疾人的就业和培训。善淘网的愿景是打造一个基于慈善商店的社区公益生态，促进全纳融合、绿色环保、人人参与公益的公民态度和生活方式的形成。执行 CEO（Chief Executive Officer，首席执行官）余诗瑶说，善淘网的口号是"42"，借用英文谐音"For Two"传达它的公益创新理念：既让自己快乐，又能帮助别人。

案例思考

善淘网采取了哪些创新运营方式？善淘网的公益性体现在哪里？

案例启示

在互联网时代，创新的方式更加多元和灵活，创新的领域也更加广泛。公益创新是在服务社会公众利益活动中的创新，是具有利他主义性质的创新，也是一种由现代公民的公益意识和社会责任意识驱动的创新。善淘网的创始团队将慈善商店这样一种具有公益性的组织形式与电子商务技术相结合，同时推动解决循环利用闲置物品和可持续助残就业两个社会问题，最大限度地实现了"每一个都有价值"的公益创新理念。

老龄化问题是关系国计民生和国家长治久安的重大战略社会问题，老年人的健康状况和生活质量也日益受到关注。我国第七次全国人口普查统计数据显示，我国 60 岁以上人口数为 2.64 亿，占总人口的 18.7%，其中 65 岁及以上人口数为 1.9 亿，占总人口的 13.5%。中国老龄化全国委员会预测，中国 60 岁以上的人口数预计在 2050 年左右达到 4.87 亿的峰值，接近中国总人口的 35%。可以预测的是，未来中国的养老压力将会异常巨大。

在福州，一家叫作福龄金太阳健康养老的服务机构（以下简称金太阳）就瞄准老年人的养老问题探索解决方案。按照中国人的传统观念，居家养老是老年人在养老问题上的首选，但那些独居或者身体活动不方便的老年人要想实现居家养老该怎么办呢？金太阳的管理团队首创了 24 小时呼叫服务中心，老年人只需随身携带一个简易呼叫器，在有问题时按下呼叫按钮，向 24 小时呼叫服务中心说明服务需求，由 24 小时呼叫服务中心、门诊部、家政公司、培训中心、老人院和志愿者团队组成的服务产业链便可快速响应，应急保障人员可在 15 分钟内到达老年人家中并帮助老年人满足其需求。这样一来，老年人每月只需花费几十元的服务费，其居家需求，如买菜、买药、理发、打扫、就医等，就都可以得到满足。金太阳构建了"没有围墙的养老院"养老服务模式。2016 年，金太阳又自主研发了可采集老年人健康和服务等信息的智能穿戴设备，并配合信息化管理平台，进行大数据分析和资源整合，打造了舒适、便捷、安全的智慧化养老运营系统。

目前，金太阳已搭建了完整的养老服务生态圈，形成以信息化为技术支撑，以居家养老为基础、以社区养老为依托、以机构养老为补充、大健康相融合的"四位一体"的"嵌入式"居家养老服务体系。金太阳是国家 5A 级社会组织、全国敬老模范单位、全国智慧健康养老示范企业和全国敬老文明号。金太阳的业务现已落地国内 25 个地市，承接政府购买业务，服务会员 100 余万人，创办了福龄金太阳养老基金，并实现了产业化扩张。

◎ **案例思考**

金太阳构建的"没有围墙的养老院"养老服务模式要解决的问题是什么？其目标群体是谁？金太阳找到了怎样的创新解决方案？

◤ **案例启示**

> 社会的发展目标已经从求温饱转变为求环保，从求生存转变为求生态，从先富带动后富转变为全社会共建共享。在决胜全面建成小康社会、全面建设社会主义现代化国家的关键阶段，我们还有许多社会问题需要解决，而各类公益项目的不断发展与创新则是推动解决这些问题的重要力量。金太阳构建的"没有围墙的养老院"养老服务模式不仅是思路和想法的创新，还是组织结构、资源整合方式、运营模式和发展方式的系统创新。只有整体性的思考，才能使公益创新更为有效地促进社会问题的解决，进而促进社会和谐。

相关知识

公益创新绝不仅仅是一个创新性的点子在公益活动中的闪现，片面追求创新的公益点子只会让公益创新走向形式化与空心化。公益项目的创新发展是在组织结构、资源整合方式、运营模式和发展方式上的系统性创新。具体而言，一个完整的创新型公益项目应同时具有 3 个特征：一是能够根据外部环境的变化，筛选出新形势下的目标群体；二是能够根据外部环境的变化，识别出目标群体在新形势下的实际需求或面临的社会问题；三是能够根据外部环境的变化，探索出解决目标群体需求或相关社会问题的创新方法和手段。因此，精准筛选目标群体、精准识别实际需求和精准找到解决方案是公益项目实现创新的三要素。公益项目如果只包含三要素的一个或两个要素，就只能称为部分创新项目。真实的情况是，目标群体及其需求的变化是一个缓慢发展的过程，在一定时期内相对稳定，因此现有的公益创新常常是解决方案的创新，也就是三要素的系统创新。

要探索创新的解决方案，我们一方面要多多关注外部环境的发展变化对目标群体的影响及需求的变化，精准识别目标群体所面临的社会问题及其变化；另一方面要关注并学习新知识和新技术，尤其是互联网技术、现代管理技术、社会关系网络资源等，探索创新型公益项目，并最终为解决社会问题服务。

课程思政

《感动中国》栏目——传播公益创新的一扇窗口

如果说在中国有哪一个媒体宣传栏目能够不以华丽的舞台和绚丽的歌舞最大限度地吸引国人关注，以宣传榜样力量的形式引领社会主流价值，并形成强大的社会影响力，那么答案非《感动中国》莫属。于2002年开办的《感动中国》栏目是中央电视台播出的一档年度人物评选栏目，每年评选一次。它像一个春天的约会一般，以内涵丰富的"感动"为核心，在每年早春如期而至，评选出并记录下过去一年最让中国社会感动和记忆深刻的人物。它通过典型人物事迹来梳理年度新闻，传递中国当下的时代精神和社会价值，并以极大的美誉度和影响力被称为"中国人的年度精神史诗"。

在这场精神盛宴中，每年都有公益创新的榜样力量引起公众广泛关注。例如，放弃海外高薪，回到湖南省衡山县任福田铺乡白云村大学生村官的美国耶鲁大学经济学和政治学专业的高才生秦玥飞是黑土麦田公益项目的联合发起人，他为当地改善水利灌溉系统、安装路灯、修建现代化敬老院，为乡村师生配备平板电脑并开展信息化教学……他带领村民创办农民专业合作社，发展山茶油产业，通过"造血式"创业创新活动为当地创造可持续发展的动力。为吸引更多优秀人才服务乡村，秦玥飞通过黑土麦田公益项目招募和支持来自北京大学、清华大学、耶鲁大学等名校的优秀毕业生到国家级贫困县从事精准扶贫和创业创新工作。又如，张宝艳和秦艳友夫妇成立了宝贝回家寻子网。他们辞去工作成为全职志愿者，帮助丢失孩子的家长们寻找孩子。张宝艳提出的"关于建立打击拐卖儿童 DNA 数据库"的建议被公安部采纳。这个 DNA 数据库为侦破案件、帮助被拐儿童准确找到亲人提供了有力的技术支持。再如，连续公益创新实践者邓飞联合 500 名记者、国内数十家主流媒体和中国社会福利基金会发起了免费午餐基金公募计划。免费午餐项目致力于帮助孩子们免于课间饥饿，享有热腾腾的免费午餐。截至 2021 年 6 月底，免费午餐项目总募捐 80 343 万元，累计开餐学校达 1551 所，现开餐学校为 1122 所，遍及全国 26 个省及自治区，累计惠及人数超过 38 万人。

可以说，《感动中国》栏目已经成为传播中国公益创新的一扇窗口，从这里，公益创新的榜样力量感动和激励着万千群众。这些精神汇集成新时代中国发展的不竭动力，是实现中华民族伟大复兴的力量源泉。

任务二 推动社会变革——了解社会创业

案例导入 1

2006 年诺贝尔和平奖的获奖者是一位来自孟加拉国的传奇银行家穆罕默德·尤努斯博士。该奖项用于表彰他所带领的格莱珉银行（Grameen Bank）为帮助穷人摆脱贫困所做出的贡献。由于诺贝尔和平奖是为表彰那些在推动人类和平与发展、国家和民族团结中做出卓越贡献的人所设立的具有国际影响力的奖项，一时间尤努斯博士和格莱珉银行成为大家关注的焦点。

尤努斯博士原是孟加拉国吉大港大学的一名教授，他发现孟加拉国的穷人众多，这些人的生活非常困苦，而贫困的原因是原有的银行信贷体系并不会把钱借给穷人，因为穷人没有抵押和担保。出于生计，穷人转而向放高利贷者借钱以获得生存基础，但高昂的利息让穷人根本无力偿还借款，穷人的生活完全被控制，从而愈发赤贫。尤努斯博士为了改变这种根植于传统经济体制，却将穷人"拒之门外"的信贷体系，创立了孟加拉格莱珉银行（格莱珉在当地语系中是乡村的意思，因此格莱珉银行也叫乡村银行或穷人银行）。

格莱珉银行专注于为穷人提供小额信贷。贫困的妇女和流浪的乞丐都因几十美元的贷款找到了自助的希望。与直接将钱发给有需要人群的慈善救助行为不同，格莱珉银行采取的小额信贷则是让穷人通过自雇或自创职业营生的努力，形成自力更生的意识和改善生活的行为，借出去的钱同样需要借款人归还。格莱珉银行的小额信贷的贷款期限一般为一年，借款人需每周分期付款，从贷款第一周后开始偿付，利息为10%。归还金额为每周应还款额的2%，总计分50周。银行服务人员定期到村里收款。由于采取了借款人团队互助和共担风险的方式，当借款人还款有困难时，团队成员就会齐心协力地帮助其渡过难关，所以还款率超过了99%。同时借款的穷人也会把钱存在格莱珉银行，聚少成多，逐步形成借款来源、储蓄基金和养老基金，继续用于帮助穷人脱贫。经过40多年的发展，格莱珉银行采取的这种用商业手段解决社会问题的模式在全世界40多个国家（包括中国）得到推广和实施，让千万个低收入家庭实实在在受益。

与此同时，格莱珉银行秉持"为穷人提供小额信贷，帮助他们通过各种谋生手段摆脱贫困"的社会使命，与达能食品公司等跨国商业企业合作共建以解决社会问题为主要目标的社会企业，为公众利益谋求福祉，并留存全部盈利用以接续壮大项目规模和影响力。

近几年，尤努斯博士也致力于推动中国精准扶贫与脱贫攻坚工作的发展，中国人民大学成立尤努斯社会事业与微型金融研究中心，开展社会企业的主题研究。2014年，格莱珉中国在江苏省成立。2018年，中国建设银行与格莱珉中国合作，在深圳开启普惠金融全新试点。

正如尤努斯博士自己总结的那样：格莱珉银行为借款人所有，它把钱借给穷人，还依然能够保持盈利，并将利润全部用于造福穷人，而借款人也凭借自身的力量改变了自己的生活，不再依靠募捐和救济过活。贫穷并不是穷人创造的，很多时候是原有的体系和社会形势造成的，所以要想解决问题，我们就要从创造性地改革入手。

◎ 案例思考

尤努斯博士创立的格莱珉银行是一个什么样的组织？它与传统的商业创业组织有什么不同？

案例启示

面对孟加拉国穷人愈发赤贫，而政府和营利机构建立的原有信贷体系又无法切实帮助穷人摆脱贫困的窘境，尤努斯博士和他的伙伴创立了格莱珉银行，他们采用创新的团队互助和风险共担方法来解决运营问题。格莱珉银行采用商业手段实现可持续的发展，创造社会价值而非个人价值，以实现自己的社会使命。

案例导入 2

2019 年 10 月第六届全国残疾人职业技能大赛在浙江嘉兴落幕。在这个在全国范围内展示残疾人技术能力与劳动价值的最高舞台上，代表广东省参赛并为广东代表团获得唯一一枚金牌的选手叫陈栋。他是一位来自深圳市残友集团控股股份有限公司（以下简称残友集团）下属深圳残友软件股份有限公司（以下简称残友软件）的员工，获得了数据处理赛项的第一名，并获得"全国技术能手"称号。

说到残友集团，很多人都会提到其创始人郑卫宁。郑卫宁先生自幼患先天性家族遗传重症——血友病，为了能够有尊严地生活，他与另外几位残疾伙伴在自己家里成立了一个电脑学习小团队，取名"残友"，开启了发展之路。从学习网络技术，到制作网页，再到承接项目，郑卫宁和伙伴们从零开始，不断学习和摸索。从开拓爱心庇护网吧，专注软件技术研发，到建立深圳市郑卫宁慈善基金会，再到残友软件和深圳残友电子善务股份有限公司在新三板成功上市，残友集团始终坚持通过自给自足的可持续发展模式帮助残疾人过上有尊严的生活，坚持以商业运营方法创造社会价值，推动实现残疾人的"生存革命"。

为了保障这种社会使命不变形、不走样，残友集团规定集团和下属各分支机构招收的残疾人比例不低于 75%，企业不走股东利润最大化的分配道路，而是将经营利润用于慈善基金会和企业发展所需。在残友集团业务走出深圳、走向外地谋求发展的今天，残友集团同样鼓励将经营利润用于所属地的残疾人的就业。

在面对激烈的商业竞争之时，残友集团不断打磨技术本领并学习现代化的经营管理理念，其创办的中华残疾人服务网被评为全球点击率最高的福利网站；残友刘勇荣获捷克布拉格世界网页设计大赛大奖；残友李虹荣获印度新德里"世界程序编程比赛"大奖；残友集团获得国家级高新技术企业、科技部双软认证企业荣誉，通过 CMMI 五级认证，是 IBM、华为、英特尔等的合作伙伴。残友集团对自己的评价如下。

一种生活方式：感恩、奉献、自助、助人。

一次温柔革命：弱势群体依托高科技强势就业。

一家社会企业：以商业的方式解决社会问题。

◎ **案例思考**

残友集团是怎样帮助残疾人获得有尊严的生活的？残友集团是怎样保证自己的社会使命不被影响的？

案例启示

从深圳出发的残友集团依靠敢闯敢拼和自立自强的精神信念走出了一条社会弱势群体主动融入科技发展大趋势并自主就业创业的独特道路。它没有一味地强调自己的缺憾与不足，也没有骄傲自满、故步自封。残友集团坚守初心，坚定使命，以过硬的技术迎接市场的竞争与变化，以助人自助的奉献情怀创造具有影响力的社会价值。

相关知识

在社会公共利益问题日益突出的背景下，寻找能够有效解决社会矛盾的方法和手段成为理论研究者和应用实践者关注的焦点。在 2006 年尤努斯博士因创立专注服务穷人的格莱珉银行而获得诺贝尔和平奖之后，社会创业和社会企业逐步走进人们的视野。

广义的社会创业（Social Entrepreneurship）是指采用创新的方法解决社会主要问题，采用传统的商业手段创造社会价值而非个人价值。社会创业在养老助残、环境保护、社区治理、教育培训、医疗健康、普惠金融、文化艺术传承和创新等领域具有广泛的应用价值。它既包括一些营利性组织充分利用资源解决社会问题，又包括非营利性组织支持个体去创立小型公司或者企业。从现行理论研究范围来看，这一类以明确地解决社会问题为目标，专注从事社会创业活动的组织被称为社会企业（Social Enterprise）。

由于不同国家的制度环境和文化传承存在差异，社会企业在各国呈现出来的组织形式多种多样。例如，在英国，社会企业以非法人团体、信托基金、有限责任公司、产业与互助会、慈善组织、社区利益公司、慈善法人等组织形式开展社会创业活动。在我国，大多数实际运作的社会企业都是以商业企业尤其是公司的形式存在的，而社会服务组织、民办非企业单位等也在广泛开展社会创业活动。为了避免初学者将社会企业与公司形式的企业等同起来，也为了更深入地理解社会组织对社会创业发展的意义，本书将民办非企业单位这类从事社会创业活动的组织称为社会创业组织（Social Entrepreneurship Organization）。

社会创业有 3 个较为显著的特点。一是社会创业必须具有明确的社会使命。社会创业的产生来自对社会问题的感知、识别与创新解决过程，对社会使命的达成过程就是社会价值的创造过程，二者不可分割。二是运用商业（企业）创新思维、运营技巧和方法实现企业的社会使命，实现创收盈利和社会使命双重价值目标。和其他企业一样，社会企业也会面临创业失败与经营失败的风险，也需要参与市场竞争，获得可持续性的经营收入，为解决社会问题去除后顾之忧，同时兼顾经济价值与社会价值双重价值目标。三是盈利主要用于维护社会使命的可持续性，继续投入到社会创业活动中，而不是为了股东的利益最大化和个人分配最大化，这明显有别于企业社会责任等商业企业的价值追求。

金·阿特洛开发的社会企业可持续性发展光谱如图 1-2 所示。

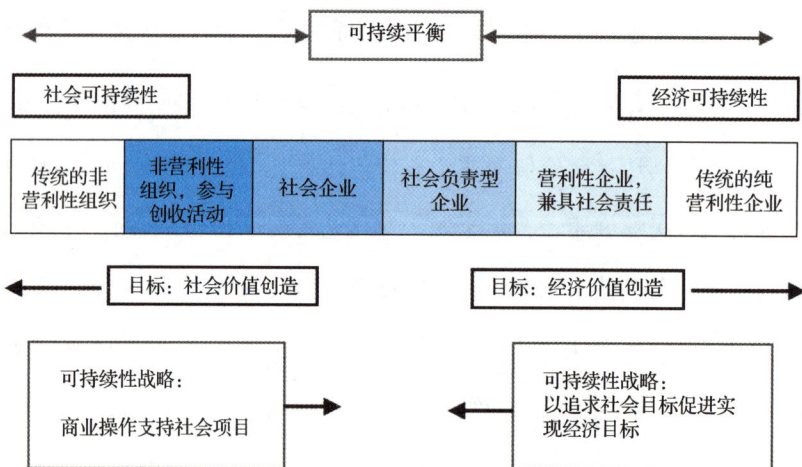

图 1-2

由社会企业可持续性发展光谱来看，社会企业既与传统的非营利性组织不同，又区别于传统的纯营利性企业，而是具有创造经济价值与社会价值双重价值目标的混合型组织。

社会企业与非营利性组织和营利性企业的不同不仅体现在价值创造目标上，还体现在性质、主要动机、受益者获得产品或服务的方式、资本来源、人力资源和供应商上，如表 1-1 所示。

表 1-1

比 较 项 目	非营利性组织	社 会 企 业	营利性企业
性质	纯公益性质	混合性质	纯商业性质
主要动机和价值创造目标	归于善意，社会使命驱动创造社会价值	混合动机，社会使命和市场收益驱动 社会价值与经济价值并重	归于自我利益，市场收益驱动 创造经济价值
受益者获得产品或服务的方式	免费	补助金、全额支付与免费支付混合方式	完全按市场价格
资本来源	捐款与补助	低于市场价格的资本或捐赠款与市场价格资本形成的混合资本	完全按市场价格产生的资本
人力资源	志愿者	同时有志愿者与全薪员工或低于市场薪资的员工	完全按市场行情付薪的员工
供应商	捐赠物品	特殊折扣或物品捐赠与全价供货相混合	全价供货

社会企业由社会使命和市场收益"双轮"驱动，并非完全依靠慈善捐赠，也不能过度追求经济利益目标，否则容易在可持续运营与社会价值实现二者间举棋不定，形成两难困境，因此它在社会企业可持续性发展光谱中更靠近中间类型。

课程思政

成思危社会企业发展青年论坛与成思危社会企业奖

社会企业近几年在全球蓬勃发展，已经成为新的一波创业浪潮。为了让更多的青年企业家了解我国社会企业的现状，倡导企业以社会企业的形式履行社会责任，2020 年 11 月 5 日，成思危基金与团中央、中国青年创业就业基金会等联合在哈尔滨共同举办首届成思危社会企业发展青年论坛，并在论坛上揭晓了首届成思危社会企业奖的评选结果。

成思危社会企业发展青年论坛邀请了产、学、研及第三部门的各界代表，就社会企业在中国的创新与发展话题进行交流。各界代表分别做了"中国社会企业认证制度与发展模式""社区社会企业模式的实践、探索与思考"的主题发言，特约嘉宾还就投资界如何推动中国社会企业的发展进行了圆桌讨论。

成思危社会企业发展青年论坛暨成思危社会企业奖评选活动旨在针对新发展阶段的时代特征，鼓励更多的青年企业家投身于社会企业的事业中，构建共建、共享、共荣、共治的社会企业的生态系统。成思危基金将通过成思危社会企业发展青年论坛与成思危社会企业奖，持续支持对中国社会企业发展的实践探索、理论创新与政策完善。

在首届成思危社会企业奖评选活动中，经过初评和现场路演，上海登龙云合建筑设计有限公司、深圳绿色影响力信息咨询有限公司、广东开太平信息科技有限责任公司 3 家公司获得了成思危社会企业奖，甘肃伊禾城商贸有限责任公司、北京一起科技有限公司两家公司获得了成思危社会企业提名奖。

成思危社会企业奖评选活动既传承了成思危先生爱国、爱民和创新的精神，又是对团中央支持青年创业及中国青年创业就业基金会"创青春"大赛内容的拓展。本次活动还总结提出了推动中国社会企业发展的 3 个方面：精准定位、彰显功能和打造生态。社会企业应以社会公益为先，用商业模式可持续解决社会问题；鼓励社会企业投资家、基金会积极投身于社会企业的发展；建立必要的行业标准，加强法律保障和政策支持。

资料来源：人民政协网

任务三　　有情怀的创新者——遇见社会创业者

案例导入 1

经常有人会问：搞社会创业这么不容易，那么社会创业者是不是得有"三头六臂"

呢？如果不是亲眼所见，那么你恐怕很难相信善淘网的创始团队成员周贤和余诗瑶等人忙碌在善淘网总部及各个线下慈善商店时的样子和你遇见的其他创业者并没有太大的不同，但是当你深入了解他做这件事的想法和行动时，就会发现他们身上具有和商业创业者不太相同的地方。

他们与所有创业者一样，敢于梦想、富有创意，但在行动上又坚持"心在远方，脚在地上"。在意识到电子商务在公益创新中可能发挥的作用后，他们立刻着手探索在线慈善商店的运营模式；如果团队成员有身体或精神上的特殊性，他们就考虑针对这种特殊性专门进行岗位设置或岗位调整，以便让团队成员更好地融入；遇到专项捐赠或志愿活动，他们就要快速应对、全力配合。创业者把握机会的敏感性、迅速行动和适应变化的能力，他们一样都不缺。

善淘网的团队成员对社会问题的见解独到且深入，对于如何能够解决这样的社会问题也有着清晰的认识和创新的想法。谈起为什么要做善淘网这个项目，有的人会回答这是内心的价值选择，在帮助别人的过程中自己也能受到鼓舞和启发，尤其是在帮助残疾人获得技能提升和个人价值时，他们感觉意义非凡；也有的人会回答做这件事很好玩、很有挑战性，他们乐在其中。周贤和余诗瑶说："很多人觉得社会创业不容易，一定会感到压抑或痛苦，但事实是我们都很快乐，并且发自内心地享受这个过程。这是真实的，否则我们也不可能坚持到现在。"

善淘网想要营造的是一种全纳的工作环境，从字面意思来理解就是所有一切都包容。善淘网理想的全纳是这样的画面——无论团队成员多么"不同"与"小众"，其需求都能被看到、被尊重，他们走在阳光下能够昂首挺胸，能够感受到自己是这个社区的主人。也正是基于这样的团队建设理念，慈善商店的店长和店员说，在善淘网能够不断激发自我潜力，感受到自我价值和持续向上的内驱力，充实且快乐。志愿者说，在善淘网能够感受到爱、成长和奉献精神。可以说，正是因为周贤和余诗瑶等人秉持这样的价值理念和奉献精神，才让善淘网的每一个人都受到感染并坚信"每一个都有价值"，同时践行理解、包容和接纳的信仰和情怀。

案例思考

请结合案例说一说善淘网的创始团队具有什么特点。你认为社会创业者和商业创业者有什么异同？

案例启示

> 与商业创业者一样，社会创业者也需要有梦想、敢创新、能行动，需要准确识别机会与环境变化，同时能够整合各类资源以保障运营。但是周贤和余诗瑶及其团队成员身上更多地具有社会创业者的社会情怀与奉献精神，他们都是具有更高社会使命感和责任感，能够在影响力和资源都不足的条件下勇于创新和承担风险的人，也是更具包容心和开放性人格的创业者，更追求团队成员对社会价值的认同与内化。

案例导入 2

尤努斯博士在孟加拉国的吉大港大学任教期间，发现在与校园相隔几十米的村庄里，穷人的数量惊人且赤贫程度逐年增加。从善良的本性出发，他坚定了想为穷人做点什么，哪怕只是一点力所能及的小事的信念。他从借出 27 美元帮助 42 个人开始，创建小额信贷模式，创立了格莱珉银行，专为穷人服务。在付出善良本心的同时，他仍然对社会问题和面对的困难保持理性的认知，认为仅靠慈善捐赠的方式永远不能帮助穷人脱贫，也不能帮助乞丐摆脱乞讨行为，只有改变目标群体"等、靠、要"的思想，才能从根本上改变目标群体的行为。依靠小额信贷加储蓄基金的方式，格莱珉银行不仅把穷人从高利贷中解放出来，还使其成为小额信贷的储蓄者并从借款基金中继续受益。依靠小额信贷加思想教育的方式，格莱珉银行让上万名乞丐成功转型成为产品推销员。

从前述案例中，我们不难发现很多社会创业者都是从自身的工作和生活经历出发，发现了迫切需要解决的社会问题，坚定了解决问题的信念，并结合自身拥有的知识和技能，创新性地寻找和验证解决方案，进而实现既定目的。

北京市朝阳区金羽翼残障儿童艺术康复服务中心（以下简称金羽翼）的创始人张军茹也是一位默默耕耘在社会创业领域的先行者。原本在银行工作的她先是创立了一家文化传播公司，在一次偶然的机会中，她接触到了一个脑瘫患者和他的绘画作品。大胆的用色和绚丽的风格让她很难把这样出色的绘画作品和一个走路都很难掌握平衡的孩子联系在一起。虽然这个孩子有很多情绪上的问题，但是她发现在画画时这个孩子特别安静，因为艺术创作有助于孩子平复情绪。后来在接触自闭症儿童的过程中，她发现人们其实只了解这些孩子的外在表现，并不真正了解他们丰富的内心世界，他们也渴望被理解和被接纳。在某基金会工作一段时间后，她愈发觉得需要把自己在社会企业中获得的工作经验用来帮助这些孩子，于是注册成立了金羽翼，通过音乐和绘画等艺术创作的方式帮助残障儿童实现自身价值、实现艺术梦想。张军茹在帮助残障儿童的过程中遇到了各种各样的困难，但是当看到残障儿童取得进步、学会如何与家人和朋友沟通，看到艺术康复的确能够帮助残障儿童成长时，她就感到无比欣慰。每当有人问，为何能够坚持为残障儿童不计回报地付出时，她总是会平和地回答，用专业知识、敬业精神和创新方法做公益，帮助他人成就美好的事情，带动大家心甘情愿地参与，想想这些我就感到很值得，那些遇到的困难也就不算什么了。

案例思考

尤努斯博士和张军茹女士这两位社会创业者有什么特点？他们分别对自己所要服务的目标群体有什么样的认识和评价？

案例启示

> 尤努斯博士和张军茹女士所做的事情都始于对身边案例的关注和对解决特定人群所面临社会问题的信念，结合自身的工作经历、知识技能与社会资源，积极探索并实践解决之道。他们既能够走进贫困地区、走近特殊人群，具有体验其内心世界的共情能力，又能秉持理性思考与职业精神，站在更长远的角度找到问题根源，坚持用可持续发展的手段给出解决方案。

相关知识

各种社会问题随时都会出现，看待问题的角度不同则会产生不同的思考方式与行动结果。很多人看到孟加拉国穷人的赤贫状态只能报以同情和叹息，又或者在联想到事态恶化发展的严重后果后望而却步。尤努斯博士却从社会责任的角度看到机会与希望，努力寻找最佳的解决方案。像他一样投身于社会创业浪潮的勇敢者来自各个领域，可以是非营利性组织的成员、教师、商人、政府公务员、运动员、文艺工作者、研究人员、社区服务者和普通农民，也可以是工匠、技术能手和非物质文化遗产传承人，还可以是受助人群本身，甚至可以是具有显著社会影响力的明星和企业成功人士。因为在良善本心和社会责任感的驱使下，愿意伸出援手解决社会问题的人都可以成为社会创业者。

社会创业者具有正确的价值观和较强的社会责任感，能够敏锐地发现和识别社会问题，并致力于通过创新的商业手段开展社会变革，从而创造社会价值和完成社会使命。

社会创业者身上具有的典型特质可以用社会企业家精神来描述。现有的研究成果支持社会企业家精神所包含的内容如表 1-2 所示。

表 1-2

内 容 特 质	具 体 表 现
创新性	针对社会问题创新性地提出解决方案，开发创新的产品和服务，着眼于组织的成长和发展，进行管理创新等，其核心在于完成社会使命
进取心	社会创业者在开展社会创业的过程中即使面临许多不确定性，也会保持强烈的进取意愿，为抓住机会而不懈努力
风险承担	面临组织社会影响可能产生的巨大损失、财务或非财务利益相关者支持的巨大损失，社会创业者仍然愿意采取行动并承担后果
社会价值导向	对创造社会价值的意愿强烈程度、在双重价值标准中的平衡能力及从事社会创业活动的自豪感和成就感

除此以外，社会创业者还具有以下一些明显的特征。

1. 强烈的同理心

同理心又称同情心或移情能力，即设身处地理解他人的感受，产生心理共鸣的能力。研究表明，具有同理心的创业者更容易与服务对象产生情绪共鸣，进而产生深度思考，并寻求创新解决方案。同理心能够激励社会创业者从更广的范围和更深的层次发现那些能够创造社会价值的机会而从事社会创业活动。

2. 较高的亲社会动机

亲社会动机是个体帮助他人的愿望，也是个体在社会交往中所表现出来的恭谦礼让、团结合作、互助分享等有助于社会和谐的行为倾向。根据有无亲缘关系，亲社会动机被划分为因亲缘关系而自发产生的亲缘型亲社会动机和陌生个体间的非亲缘型亲社会动机。社会创业者身上所具有的亲社会动机是发生在陌生个体间的互助动机，具有较高亲社会动机的个体更容易对于没有亲缘关系的陌生个体施以帮助行为。这种亲社会动机既可以受个人生活经历的培养而产生，又可以受到职业要求或外在环境的影响而产生。

3. 较高水平的道德判断能力

社会创业者往往具有正念普世价值观，但是要完成社会使命——解决社会问题，社会创业者还需要具有更高水平的道德判断能力。道德判断能力主要包括识别自己复杂且有冲突的道德情感并将这些情感不断反思总结的能力，以及能够与团队、利益相关者进行道德对话的能力。较高水平的道德判断能力能够促使社会创业者的行为具有利他性、匿名性等特点。

4. 较高的受教育水平和艰辛的生活经历

除上述特征外，现有研究还发现社会创业者相比其他群体的平均受教育水平更高，也具有更多的社会资本。同时，相当一部分社会创业者拥有艰辛的生活经历，如疾病经历或重大生活变革的经历等，而这些经历反过来促进其产生进取心和主动变革的内生动力。

课程思政

张桂梅：执着的追求，崇高的事业

烂漫的山花中，我们发现你。自然击你以风雪，你报之以歌唱。命运置你于危崖，你馈人间以芬芳。不惧碾作尘，无意苦争春，以怒放的生命，向世界表达倔强。你是崖畔的桂，雪中的梅。

——《感动中国》2020 年度人物颁奖词

张桂梅是云南省丽江华坪女子高级中学（以下简称华坪女高）的党支部书记、校长，华坪县儿童福利院院长（义务兼任）。她靠坚韧不拔的勇气和毅力，创办了全国第一所全免费女子高中——华坪女高，是华坪儿童之家众多孤儿的"妈妈"。她常年坚持家访，行程达 11 万多公里，覆盖学生 1300 多名，为学生留住了用知识改变命运的机会。64 岁，20 多种疾病，扎根滇西贫困山区教育一线 40 余年，13 年把超过 2000 名贫困山区的女孩带出大山、送进大学……张桂梅创造了很多值得称道的数字。在每个数字背后，都是她在燃烧自己、照亮别人，用爱心点亮贫寒学子的人生之路，以教育斩断贫困代际传递。

张桂梅认识到，斩断贫困的代际传递，可以从提高女性素质入手，所以她坚定地创办了一所面向贫困家庭女孩的免费高中，让女孩接受教育，进而改变当地贫穷和落后的面貌。张桂梅没有儿女，却有着深沉的母爱。不计回报、倾其所有，甚至不顾生死地付出，这些都是因为共产党员的信仰。"如果说我有追求，那就是我的事业。"张桂梅用数十年如一日的行动与坚守，以无私奉献的大爱和无可比拟的亲社会动机，诠释了共产党员的初心和使命，被授予"全国优秀共产党员""时代楷模"称号，并于2021年获得"七一勋章"。

张桂梅坚持用红色文化引领教育，培养学生不畏艰辛、吃苦耐劳的品格，引导学生铭记党恩、回报社会。当华坪女高的学生们走出大山、走进大学、走入社会时，当她们遇到困难和挫折时，这种红色文化仍能激励她们不畏艰难、继续前行。最让张桂梅欣慰的是，很多从大山里走出的女孩在大学毕业后回到大山，选择最艰苦的岗位，到了祖国最需要的地方。张桂梅用她坚定不移解决贫困代际传递这一社会问题的决心和社会价值导向，让爱心、奉献之心汇聚成河，让责任和使命代代相传。

资料来源：人民日报

实训环节一　社会创业全景扫描

实训任务一　分析身边的典型案例

公益创新是在服务社会公众利益活动中的创新，也是具有利他主义的创新。它既可以成为具有社会责任感的企业大力发展的业务内容，又能够融入我们的日常生活中。它既可以表现为在新冠肺炎疫情肆虐之时国家和集体统一部署的大规模行动，又能够围绕具体的社会问题和特殊群体，表现为让大家感受爱与温情的点滴小事。不管形式如何变化，其利他主义的性质都没有改变，其基于公益服务和社会责任驱动的特点也没有改变。请你跟随下面的操作指引，完成实训任务。

操作一　诊断社会公众利益

社会公众总是会随着社会生活的发展而不断产生改善社会公众利益的愿望。社会公众利益涉及的面越广，社会公众希望改善它的愿望就越强烈。我们要观察社会公众利益，就应从我们身边的工作、学习和生活环境入手。你能够观察到的社会公众利益有哪些？请总结一下（如食品卫生安全需要得到充分保障）。

A. _____

B. _____

C. _____

D. _____

操作二　各方是否能够充分保障社会公众利益

针对上述社会公众利益，各方（含政府部门、行业组织、非营利性组织、企业等）是否能够采取有效的措施来提供保障？若能，则请你在社会公众利益保障矩阵图（见

图 1-3）对应的位置打"√"。

	政府部门	行业组织	非营利性组织	企业	其他
社会公众利益 A					
社会公众利益 B					
社会公众利益 C					
社会公众利益 D					

图 1-3

操作三　挖掘典型案例

围绕上述分析，请列举 3 个用创新的方法来解决或者保障社会公众利益的典型案例，并用简洁的语言描述。

A. _____

_____

B. _____

_____

C. _____

_____

操作四　分析创新性

上述 3 个典型案例分别采取了哪些创新的运营方式？分别针对哪些目标群体找到了创新的解决方案？公益性表现在哪里？请你思考这些问题，并将答案填在表 1-3 中。

表 1-3

典 型 案 例	目 标 群 体	创新的解决方案	公益性表现
A.			
B.			
C.			

实训任务二　社会创业者画像

戴维·伯恩斯坦在《如何改变世界——社会企业家与新思想的威力》一书中提出："什么样的人适合社会创业呢？那就是：不以实现个人财富最大化为目标的人；对实现人生的意义、向社会贡献价值有热情的人；具有实践执行能力的人。"

在本项目中，我们一起认识了善淘网的周贤和余诗瑶，认识了尤努斯博士和他创立的格莱珉银行，认识了残友集团的郑卫宁，认识了金羽翼的张军茹等国内外一直致力于通过创新方案解决社会问题的社会创业者。相信这些典型案例及社会创业者身上所具有的典型特质已经对你有所触动，请你完成下面的社会创业者画像。

请你首先选定一位你所了解的社会创业者代表人物，填写在图 1-4 中，然后用几个短语来描述这位社会创业者的典型特征。

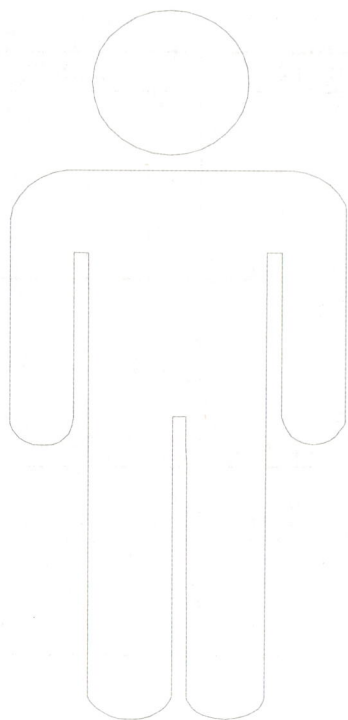

代表人物：

典型特征：

图 1-4

项目二

别出心裁，巧捷万端——发现社会创业机会

双重价值目标让社会创业活动注定从一开始就走上一条需要快速适应社会变化的艰难道路，社会创业者也需要从快速的变化中找到公益创新的灵感，准确识别与开发社会创业机会。

快速变化是 21 世纪最大的特征。市场在不断发展，技术在不断更新，社会问题也在不断变化……所有的一切都为这个时代的创业者提供了丰富的创业机会。一个好点子是创新的原始起点，好点子可能价值千万元，因此有"金点子"的说法。但我们不能只是守株待兔，坐等灵感乍现，只有主动出击、全面思考和行动才是上策。

所有的创业行为都来自这样或那样的创业机会。但是我们都知道，创业本身就是一种高风险行为。那么，我们如何寻找公益创新的灵感呢？我们如何知道什么样的机会才是社会创业的良机呢？我们如何评估社会创业机会是否可行呢？

本项目将从身边的社会创业故事入手，帮你打开公益服务思维，明确社会问题与社会使命，进而感悟社会创业机会的识别与开发过程。

任务一　打开公益服务思维——寻找公益创新灵感

案例导入 1

在农村长大的小赵，在年幼时就常常帮着家里的大人们到农田去劳作。虽然辛苦，但小赵对家乡的山山水水充满了感情，尤其是对陪着他长大的田间生态系统异常熟悉。泥里的虫、池塘里的蛙、路边的蚂蚁和头顶的鸟儿都是他童年亲切的伙伴。"虽然家乡人民的生活很贫困，但是当我不断学习并了解到外面的世界和这里大不相同时，我就知道只要我们善于运用新知识，就可以改变这种祖祖辈辈贫困的生活。我感觉我的心里一直都有这样一个'种子'在。"抱着这种信念，小赵决心不断充实自己，不断开阔自己的眼界，等有能力时一定要帮助家乡的亲人们。

进入大学以后，小赵加入了学校的创新社团，认识了很多优秀的人，社团的经历使得他对创新这件事有了初步的了解。"机缘巧合，在大一上学期快结束的那个寒假，我无意中看到楼下的展板上有一个环保公益竞赛活动的信息，就把这个信息记下来了，还花了一个寒假的时间琢磨如何才能找到创新的点子。"在小赵心中埋藏已久的那个"种子"开始渐渐萌芽，他想到了家乡随处可见的蚯蚓。他小时候经常听老人们说蚯蚓的作用很大，可是蚯蚓究竟有什么作用，他却并不明白。于是，他找到学校的生物学专家详细了解蚯蚓的生活习性和功能，还利用寒假时间细致考察、研究了家乡的蚯蚓。他惊喜地发现，蚯蚓可真是个"宝贝"，不仅能够将腐殖质、细菌等吃掉，消除有机废物对环境的污染，还能用来改良土壤，培肥地力。蚯蚓粪也是一种优质肥料，可以用来栽花种菜。此外，从蚯蚓身体中提取的蚓激酶也具有很高的药用价值。小赵的这个想法得到了老师的大力支持，他成立了自己的"万有引力"项目团队，以蚯蚓价值的创新开发为主题参加了环保公益竞赛，并获得一等奖。经过媒体的宣传报道，小赵和他的团队正式踏上了以家乡的"宝贝"帮助家乡脱贫的道路。

无独有偶，张豪出生在湖北省黄冈市。他热爱摄影，喜欢用镜头记录家乡的青山绿水，也常常在思考如何为乡村振兴贡献自己的力量。张豪平时就喜欢深入湖北省各地，发掘和整理那些容易被大家忘记的身边故事。2017年，张豪带领团队深入湖北省红安县，走访革命老区，精心制作了一个短视频——《铁血红安——中国第一将军县》。该视频上线3天便爆红网络，播放量突破300万次，并被共青团中央和多家权威媒体转载。该视频的意外成功，让张豪发现短视频可以在乡村振兴中发挥不可估量的作用，更加坚定了他用公益宣传视频参与脱贫攻坚战的信念。

在深入了解贫困地区的过程中，张豪发现当地一些有特色的农副产品面临销售困境，他便积极利用互联网和短视频的优势，帮助村民打开电子商务销售渠道。这个以共青团员为主力、以互联网+扶贫为运营模式的公益助农团队很快发展起来。张豪参加了"出彩青春"公益创投大赛，并带来"镜头里的故乡"青年摄影人才培养项目。如今，他带领团队成立武汉当夏时光文化创意有限公司（以下简称当夏时光），通过短视频+新媒体+电商的模式专注于公益互联网营销，拥有完善的自主知识产权体系，获得商标、专利、软件著作权、作品著作权等80余件。当夏时光成长为全国极少有的团中央"中国青创板"和湖北团省委青创板双挂牌公司（股权代码Y00073），也是中央宣传部学习强国平台、国务院扶贫办中国社会扶贫网、共青团湖北省委等单位长期内容合作单位，成为公益扶贫的榜样。

◎ **案例思考**

1．小赵和张豪的公益创新项目的主要内容是什么？他们的灵感分别来自哪里？

2．小赵和张豪的经历有哪些相似之处？又有哪些不同之处？

案例启示

　　小赵以蚯蚓价值的创新开发作为帮助家乡脱贫致富的公益创新项目，灵感来源于在参加环保公益竞赛时想到的家乡生态。张豪则从摄影爱好和短视频制作的特长入手，利用互联网和短视频的优势开展公益助农活动。他们两人都从熟悉的家乡内涵中找到了帮助家乡的好点子：一个因地制宜发掘家乡的"宝贝"；一个发挥自身所长，充分利用信息技术为家乡服务。

案例导入 2

　　社区是城乡基层治理的基本元素，社区文化艺术是社区服务与管理的重要内容。上海子攸文化传播公司的创始人王从亚就是一位专业从事社区文化艺术教育的公益创新者。

　　王从亚在大学期间参加了学生志愿服务协会组织的一系列主题项目。这些项目要么围绕需要关怀的老人和孩子开展献爱心活动，要么走进田间地头开展农产品种植帮扶活动，要么走进少数民族生活区协助开展传统文化保护和传承的工作，这些丰富的志愿服务活动开阔了他的眼界，也为他日后开展艺术文化进社区工作打下了基础。

　　一次偶然的机会，王从亚了解到国外文化艺术教育的发展情况，还亲自考察了英国如何把非正式演出纳入创意经济的组成部分。英国从政府层面重视对年轻人的文化艺术教育，承诺"让所有年轻人都获得优质的文化活动"，为5～19岁的人群设立文化教育护照；英国政府还创办了"桥梁网络"，使遗产、电影、艺术，以及博物馆和图书馆连通每一所学校。王从亚开始思考：文化艺术如何介入生活？如何更好地增强社区的韧性，从而为社区管理服务？

　　他从戏剧教育入手，联合社区和大、中、小学，推出了《小鞋子旅行记》《我的路》等多个围绕亲子关系、心理发展和社区情感的戏剧教育作品。这些作品通过社区故事和社区记忆的创新与展演，实现了艺术让社区群众实现联结（见图 2-1）的目标。王从亚的团队与上海戏剧学院、复旦大学若干学生剧社推出的心理戏剧《傅雷家书》以高专业水准和演出效果引起社会各界的强烈反响，并一直服务于城乡社区和学校。王从亚和他的团队从社区戏剧出发，制订了包括乡村戏剧、情感戏剧、环境戏剧、心理戏剧在内的多个"戏剧+"计划，打造了社区自服务、公共艺术与艺术节"三位一体"的社区艺术教育创新品牌。

图 2-1

　　针对新冠肺炎疫情爆发后的社会情绪待修复问题，王从亚积极引入国际艺术文化资源，在各个项目中加入艺术疗愈的功能，通过创新创意的落地展示及互动，为项目创造了文化艺术空间的延展性，打造了艺术社区的概念。他的团队受到了上海当代艺术博物馆的邀请——对 2021 年展馆工作进行跨学科设计，以文化公共事件响应新冠肺炎疫情爆发后的公众情感修复和陪伴工作，通过"树展览"主题配套活动，不断探索及挖掘城市空间跨界合作的商业与文化跨界设计的结合。整个项目的筹款和收益都用于武汉新冠肺炎疫情灾后重建、重大公共事件文化服务研究及农村地区的当代艺术普及工作。

◎ 案例思考

王从亚从事社区文化艺术教育的灵感来自哪里？这与他自身的经历有什么关联？

案例启示

> 王从亚从事社区文化艺术教育的灵感与他自身的成长经历有很大关系。在大学时，他参加各类志愿服务工作及考察国外艺术教育发展情况的经历都极大地加深了他对开展社区文化艺术教育的认识。在不断思考艺术与生活的融合问题中，他与伙伴不断研究各种案例，他们从社区需要出发创立的各类社区戏剧由"点"到"面"获得社会认可。

相关知识

研究与实践发现，社会创业者的灵感多源自以下 4 个方面。

1. 生活中遇到的"痛点"

"社会的'痛点'就是公益服务的起点"，社会创业本身就是为了满足公众利益中尚未被满足的部分，未被满足的需求就是生活中的"痛点"。例如，本任务案例导入 1 中的小赵，多年的乡村生活让他意识到只有利用好科学技术才能帮助家乡脱贫，于是他在心中埋下了"种子"。诺贝尔和平奖获得者、格莱珉银行的创始人尤努斯博士也正是观察到穷人向商业银行贷款极为困难，可是没有贷款更加无法摆脱贫困的问题，才创建了专门为穷人服务的银行。我们需要仔细观察或者认真回想在社会生活中有哪些不便利的地方、周围的人经常抱怨什么、弱势群体有什么迫切的需求等，以及我们是否能够找到解决这些"痛点"的办法。

2. 通过有效社交遇到志同道合的人

一项调查研究发现，志同道合、想法接近的人经常在一起交流，是新点子出现的关键"催化剂"，公益创新活动也是如此。公益创新与社会创业活动具有创造社会价值和维持可持续运营的特殊性，但由于其社会大众认知度不高和资源匮乏等因素的影响，从事这项事业的人常常感到孤独和困惑。与志同道合的伙伴多交流，有利于我们从多个方面分析社会大环境，有利于我们向拥有不同专业背景和经历的伙伴学习，进而迸发新的创意。在校的学生既可以通过积极参加公益志愿活动和社团活动等认识新朋友，又可以利用发达的社交媒体，如豆瓣的兴趣小组、微信中的"社会企业与影响力投资论坛"公众号等，找到兴趣相近的人，与其进行思想交流和碰撞。

3. 积极挖掘自己的潜能

除了向外寻找，积极挖掘自己的潜能也是一种行之有效的方法，尤其是对特别了解自己且拥有一技之长的人来说。商业创业者（尤其科技创业者）的灵感往往来源于此，社会创业者同样可以挖掘自身的技术与特长。在本任务的案例导入1中，张豪的社会创业就起源于自己的兴趣——摄影，从照片拍摄逐渐到视频拍摄，张豪把自己的特长和乡村振兴事业相结合。花一点时间，静心写下自己拥有的技能和兴趣点，再将二者与公益服务结合，你可能就会发现自己公益创新的灵感。

4. 学习、研究大量案例，实地观察与实践

"欲穷千里目，更上一层楼。"有的社会创业者拥有一番豪情壮志与家国情怀，但自己的阅历有限。这样的社会创业者可以借鉴他人的经验，通过大量浏览、阅读和研究公益创新的想法，如关注各类公益创业大赛、社会创业网站等，学习、研究自己感兴趣的案例。"读万卷书，行万里路"是社会创业灵感取之不尽的源泉，社会创业者多走进田间

地头、照护场所，走近社区邻里与弱势伙伴，倾听草根之声，叩问民情民意，把报告写在祖国大地上，就能文思如泉涌。

课程思政

红井的故事：倾听民意，解民之困

小学语文课本中有篇文章叫作《吃水不忘挖井人》，文中所说的井就是瑞金沙洲坝的红井。

苏区时期，沙洲坝是江西瑞金一个干旱缺水的村庄。当时村民非常迷信，认为挖井会破坏当地的风水，因此没有村民敢擅自挖井，村民都要到几公里外的小河里挑水饮用。在农忙季节，村民只能挑村前的脏塘水饮用。村外的人都说："沙洲坝、沙洲坝，三天不下雨，无水洗手帕，旱死老鼠渴死蛙，有女莫嫁沙洲坝。"

1933年4月，在临时中央政府从叶坪迁到沙洲坝后，毛泽东主席就住在这个村子。他在发现村民饮水困难后，召集全村人开了一次解决饮水困难的村民大会。许多群众在大会上说："这个地方不能挖井，挖井会遭到报应，就是挖也不一定能挖出水来，这个地方是旱龙。"毛主席听了，哈哈大笑地说："迷信不可信，这井我来挖。"时年9月，毛主席带领几个红军战士在村前进行了水源的勘探工作，并破土动工。群众见毛主席亲自挖井，也纷纷带着工具一起动手。在挖到5米深的地方，一股泉水喷涌而起。井终于挖好了，军民一起用鹅卵石把井砌好。此后，其他沙洲坝的村民也纷纷开始挖井，吃水问题终于得到了解决。1950年，瑞金人民维修了这口井，并取名为"红井"，同时，在井旁立了一块木牌（后改为石碑），上面书写"吃水不忘挖井人，时刻想念毛主席"，以示沙洲坝人民对毛主席倾听民情民意、主动解民之困的怀念和感激之情。

资料来源：人民日报客户端江西频道、赣南日报

任务二　深究问题根源——确定社会问题

案例导入

　　社会创业是采取创新方法解决社会问题的过程，这个过程要解决什么样的社会问题是社会创业团队首要解决的困惑。从现象来看，人口问题、犯罪问题、环保问题、养老问题、食品安全问题、腐败问题等这些不都是社会问题吗？的确，从诸多社会现象中找出几十个问题并不难，但要深入分析哪些问题是社会创业团队真正能够解决或者做出改变的，并不是一件容易的事。

　　说到老龄化社会现象，许多社会创业团队的第一反应就是养老服务工作大有可为。可是养老服务工作的范畴非常广泛，社会创业团队究竟应该从哪个地方入手呢？这与社会问题是否确定清楚有非常大的关系。有养老服务需求的老年人，因身体机能、心理需求等因素的差异，各自表现出的问题大不相同：失能失智型老年人由于丧失了生活自理能力，或者在记忆、语言、思维、判断能力等方面存在一系列认知障碍（如阿尔茨海默病患者），急切需要专业照护；对于一般能够自由活动，只是上了年纪需要帮忙料理日常生活的老年人来说，到专业养老机构未必是最好的选择。

　　王小龙的家中有失能失智型老年人，在医院无法长期照料，而其他机构又无法提供专业照护的情况下，王小龙意识到这个社会问题应该是失能失智型老年人无法就近得到专业照护的问题。在深入分析社会医疗条件、失能失智型老年人自身及家庭的实际情况后，2011 年年底，王小龙和他的伙伴在北京市朝阳区和平家园的居民区里，建成了占地2500 多平方米、拥有 100 张床位的寸草春晖养老院。该养老院的招收对象主要是需要长期照护的失能失智型老年人，可以实现他们及子女就近养老的愿望。10 年来，扎根社区，用专业照护方法解决失能失智型老年人的养老问题使"寸草春晖"在品牌化、连锁化发展过程中，不断提高社区养老服务标准，成为首都社区养老服务的一大品牌。

福建省福州市的黄小蓉则走出了另外一条提供养老服务的创新之路。她发现在有养老服务需求的老年人中，有相当一部分人自己可以缓慢行动，或者其亲属在外工作而家中无人照顾他们。对于这类情况，黄小蓉认为社会问题应该定位于居家养老服务机构缺失。为什么会产生这个社会问题呢？一是政府不能完全提供居家养老的直接服务，保障体系有待完善；二是居家养老服务工作由于缺乏创新做法而不能持续进行；三是居民的观念接受程度参差不齐。黄小蓉和她的团队创立了金太阳，意在构建"没有围墙的养老院"，用创新的方式为很多老年人解决了居家养老服务机构缺失的问题。金太阳成为居家养老服务机构的样板工程。

◎ 案例思考

同样面对养老问题，王小龙和黄小蓉分别确定了什么样的社会问题？社会问题具体内容的区别是什么？不同社会问题的创新解决方案又有什么不同？

案例启示

> 王小龙针对失能失智型老年人确定了失能失智型老年人无法就近得到专业照护的社会问题，黄小蓉则围绕有居家养老需求的老年人确定了居家养老服务机构缺失的社会问题。这两个社会问题的创新解决方案分别是针对特定人群的社区养老和针对大部分人群的居家养老两类创新运营模式。

相关知识

社会问题主要是指影响社会公众健康生活、妨碍社会协调发展，同时引起公众普遍关注的一种社会失调现象。总体而言，社会公众一般从 3 个方面界定社会问题。

（1）是否符合社会正常运行与发展的规律。

（2）是否影响社会公众的利益和日常生活。

（3）是否符合社会主流价值导向和规范标准。

对有志于从事公益创新事业和社会创业活动的人来讲，如何准确找到并确定社会问题是开展活动的基础性工作。在确定社会问题时，我们一般从以下 3 个方面开展对问题本身的分析。

（1）找到的问题是社会现象还是问题实质？

（2）问题的界定是从谁的角度出发的？

（3）问题是否能转换成目标群体的需求？

要想深入分析社会问题，我们就要从事实依据出发，按照一定的方法进行科学、合理的论证。问题树就是一个分析社会问题的管理工具，它因具有全面、简便的特征而获得广泛应用，如图 2-2 所示。

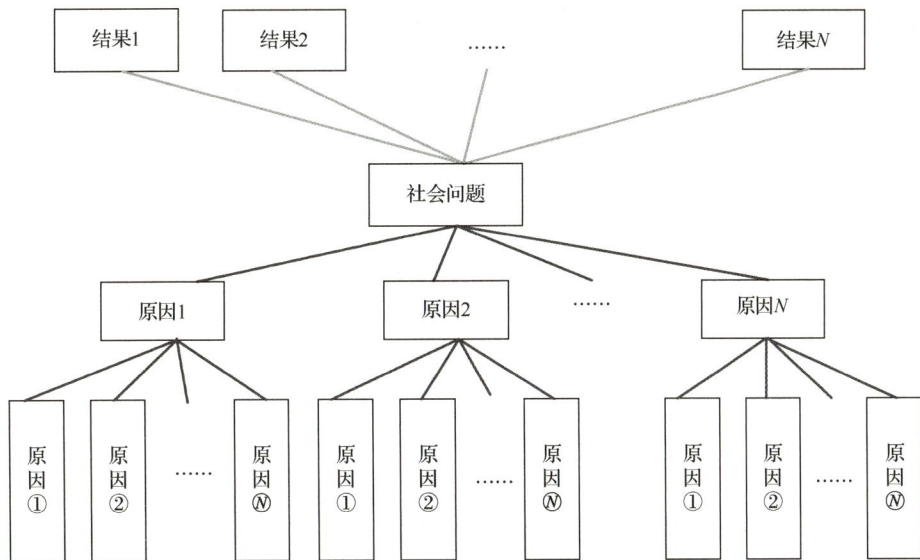

图 2-2

问题树围绕所探讨的社会问题，深入分析社会问题产生的原因和可能导致的后果。原因分析需要层层深入、由表及里，对于寻找出来的原因，我们需根据其不同性质进行归类、总结。

在利用问题树进行原因分析时，我们要做到相互独立和没有遗漏，即各分支的原因没有重叠或重复、原因分析没有明显遗漏。我们关注关键问题，对于非关键问题不必面面俱到。

课程思政

爱心洒满情侣路志愿服务项目聚焦服务社区问题

爱心洒满情侣路志愿服务项目源于广东省珠海市金湾区西城社区社会工作组织老党员们开展的爱心洒满情侣路志愿服务的焦点小组谈话活动，目的是号召西城社区的居民以主人翁的姿态共同参与社区事务。

基层社会组织可以被看作社会管理和治理结构中最为微观的组成元素，逐步提升基层社会组织的管理创新水平，对于保障和改善民生、构建和谐的现代社会、维护大众生活稳定能够起到关键的基础作用。对社区问题产生清晰的认识是做好社区管理的第一步。西城社区紧紧围绕这个关键问题，探索出一条通过焦点谈话方式分析问题、解决问题，并找到可行解决方案的基层管理创新之路。

随着对社区问题的认识越来越清晰，在西城社区党委的指导下，社工和社区居民骨干经过"社区问题分析—目标界定—服务介入"等过程的讨论及设计，成立了西城社区爱心洒满情侣路志愿服务队。

历经一年的时间，西城社区爱心洒满情侣路志愿服务队的成员已从 10 人发展到 60 人，他们均是年过花甲的老人。每逢周末、节假日，他们的身影都会出现在情侣路上。不仅如此，他们还积极参与助力高考、创文明城市宣传、党史宣讲等社区其他的志愿服务。尤其是在新冠肺炎疫情防控期间，他们积极参与社区管理，在协助开展全员核酸检测工作方面发挥了重要作用。

西城社区爱心洒满情侣路志愿服务队的焦点问题分析会如图 2-3 所示。

图 2-3

志愿者既是精神文明建设的有力推动者，又是和谐社区建设的无私奉献者。西城社区爱心洒满情侣路志愿服务队的志愿者们正在影响着更多的社区居民积极参与志愿服务，践行社会主义核心价值观，共建文明社区。

任务三　明晰发展定位——确立社会使命

案例导入 1

金太阳的创始人黄小蓉秉持"让长辈有尊严地幸福养老"的价值观，构建了"没有围墙的养老院"养老服务模式，打造了"福龄金太阳"养老服务品牌，成为探索中国式居家养老的杰出代表。黄小蓉从家政服务现状看到养老的突出问题，从问题出发总结需求，从需求出发延伸养老服务，用优质服务温暖人心。

黄小蓉说，从事养老服务的组织和个人本身就要有一片爱心、要知道感恩，有爱才能做好。金太阳建设 24 小时呼叫服务中心的初衷来自公益服务的价值追求。很多老年人都有 24 小时应急救助的需求，他们在有需求时向 24 小时呼叫服务中心发出呼叫服务，24 小时呼叫服务中心联系附近的助老员赶去现场。通常是助老员和救护车到了，老年人的子女却还没回来。黄小蓉和团队成员认为在医院等着老年人的子女来做交接工作也特别有意义。久而久之，团队成员对这种无私的陪伴和奉献行为形成了一种共同的认知，这种认知也让金太阳始终不曾动摇自己的目标。正因如此，金太阳的社会使命是做子女的行孝者、父母的守护者、纯爱的传播者；金太阳的愿景是构建"没有围墙的养老院"，建百年长青的养老服务机构。

上海青聪泉儿童智能训练中心（以下简称青聪泉）是一家为自闭症儿童和其他发育障碍儿童及其家庭提供专业性康复训练与辅导的非营利性民间机构，是上海市社会组织规范化建设 5A 级社会组织。无独有偶，青聪泉的成立和发展也与团队成员的价值导向及组织认同有很大关系。

青聪泉的 Logo 是一棵象征生命的小树在一泓清泉的浇灌和滋润下苗壮成长，且郁郁葱葱，如图 2-4 所示。树叶的颜色丰富多彩，而"青聪泉"3 个字也演变成唱歌的小鸟、活泼的浪花和一把助人一臂之力的梯子，寓意在众人的扶持下，孩子们的生命将更加多彩。

不同的自闭症儿童有不同的情况，儿童的康复程度与其自身特点、家庭环境及训练方法是否得当有很大关系。创始人陈洁在开始的 6 个月，因为教学模式尚未成形，也不敢招募其他老师，于是每天自己教 6 个自闭症儿童上 12 节课，同时自己到处求学和钻研。到创办一年多时，青聪泉逐渐摸索出一整套较为有效的自闭症儿童早期康复治疗方案，并招募了同样愿意投身于这项事业中的老师来训练自闭症儿童和他们的家长。陈洁和她的团队始终怀揣"理解、尊重、接纳、关爱、坚持、责任"的初衷，以及"用爱和智慧，开启孤独的心灵，让生命更多彩"的总目标，源源不断地把爱带给来到青聪泉的儿童和家长们。

图 2-4

青聪泉梦想在中国建设更多更好的专业的、规范的特殊儿童早期康复训练机构，为特殊儿童及其家庭提供及时、优质的专业服务，帮助他们调整心态和学习特教知识，努力提高自闭症儿童各方面的水平，让自闭症儿童不被歧视和排斥，有学可上、有家可归。青聪泉的愿景是这样的：愿自闭症儿童融入社会，过上快乐而有尊严的生活。它的社会使命是帮助自闭症儿童走向自立。

◎ 案例思考

金太阳的核心价值观是什么？这与社会使命有什么关系？青聪泉又是怎样确立社会使命的？

✦ 案例启示

金太阳的核心价值观是"让长辈有尊严地幸福养老"，其建设24小时呼叫服务中心的初衷来自公益服务的价值追求。其团队成员对这种无私的陪伴和奉献行为形成了一种共同的认知，并确立了社会使命。青聪泉团队成员也拥有共同的价值追求：

用爱和智慧，开启孤独的心灵，为自闭症儿童和其他发育障碍儿童及其家庭提供专业性康复训练与辅导。也正是因为有了共同的价值追求和对实现目标的不懈努力，青聪泉才能在完成帮助自闭症儿童走向自立的社会使命道路上越走越远。

案例导入 2

打开善淘网的主页，你会发现最明显的位置写着"每一个都有价值（Everyone has value）"。很多人看到这句话的第一印象是，善淘网正在努力使每一件闲置物品产生新的价值。这样的理解没错，但也不全对。

善淘网的价值观是：每一个都有价值；物尽其用；人与人之间没有高下，只有不同。这 3 句话表达的意思各不相同。善淘网很看重全纳式工作理念的打造，认为人们无论健全与否、肤色与角色是否有差异，都应该拥有同样的权利和机会，我们并不能以多数人的习惯想当然地排斥其他人，而应该尽可能去除环境或外在条件的限制，使所有人都能顺畅地成长与发展，也有机会发挥自己的长处。这是一种真正理解、尊重、接纳和关爱"不同"的工作环境与行动机制。也正是基于这样的认识，在善淘网各种宣传材料中所写的口号"Buy42=For Two"代表着"为了与我们相同的人，也为了与我们不同的人"。因此，善淘网的社会使命为让有温度的慈善商店走进中国的每一个社区，帮助社会边缘的"奋斗者们"更好地参与社会生活并实现个人价值。

与善淘网一样，同样具备利他价值观的还有独创了三维立体剪纸艺术技艺并获得了国家专利授权的重庆剪爱工艺品有限公司（以下简称剪爱），它在公益助残领域也颇具影响力。为了帮助血友病患者自食其力，彭茂林用她自己掌握的剪纸传统技艺，带动患者及其家属共同探索剪纸技艺的镂空技术和光影效果，帮助几百个家庭重拾生活信心。传承原生态剪纸艺术文化，为血友病患者找回生产自救的有尊严的生活是剪爱给自己定下的社会使命，彭茂林和她的团队成员既是这样说的，又是这样做的，她本人也因持续坚守和努力而成为 2011 年度感动重庆十大人物之一。

◎ **案例思考**

善淘网和剪爱的社会使命有什么共同点？

✦ **案例启示**

善淘网和剪爱都是为了让残疾人更好地生活、就业而开展社会创业活动的典型案例。从善淘网和剪爱的社会使命中可以看出，团队因利他价值观的驱动而开展社会创业活动，并创造社会价值。善淘网和剪爱的社会使命都得到了所有团队成员的认同和坚守，且没有产生动摇。

🏷 **相关知识**

社会创业活动离不开创意和行动，如何充分体现社会创业组织的核心价值与核心理念，是社会创业组织在发展过程中要充分考虑的因素。社会使命与愿景充分诠释了社会创业组织发展的价值主张，并指导各项活动的展开。

社会使命的概念源于组织使命，社会创业组织的典型特征之一就是具有鲜明的社会使命，以解决社会问题、完成社会使命为主要目标。完成社会使命的过程就是创造社会价值的过程，二者不可分割。

社会创业组织的社会使命是通过使命陈述来体现和规范的，这也决定了现有实践案例中的使命陈述具有明确的解决社会问题的元素与指向。一般而言，社会使命应该包括社会创业组织发展的核心目标（存在理由）与核心价值观（做事方式）。

确定和达成社会使命的过程还会受到很多因素的影响，如利益相关者的诉求、外部环境、创业团队的价值观与洞察力、组织文化、资源与能力等。因此，在实践过程中，追求可持续运营活动容易受到经济价值实现过程的影响而产生负面影响，或者出现社会使命偏离现象。

社会使命是一个多维的结构，包括利他价值观、组织认同及目标关注度。

（1）利他价值观：社会创业活动的属性是利他的，并将创造社会价值置于创造经济价值之前。

（2）组织认同：组织成员对组织长久发展所应该具有的关键性、独特性和持久性品质的一致性看法。社会使命对应规范性认同，而非功利性认同。

（3）目标关注度：注意力是有限的资源，关注焦点对一个组织的战略发展方向有着深远的影响，社会创业者将管理过程的注意力更多地放在社会目标上。

课程思政

中国航天人勇敢肩负起建设航天强国的神圣使命

1970 年 4 月 24 日 21 时 35 分，载着东方红一号卫星的长征一号运载火箭在酒泉卫星发射中心点火升空。15 分钟后，星箭分离，卫星入轨，一曲嘹亮的《东方红》响彻寰宇，标志着中国进入太空时代，中国航天事业开启了新纪元。

2021 年 6 月 17 日 9 时 22 分，搭载神舟十二号载人飞船的长征二号 F 遥十二运载火箭在酒泉卫星发射中心点火发射，顺利将聂海胜、刘伯明、汤洪波 3 名航天员送入太空。15 时 54 分，在神舟十二号载人飞船顺利与天和核心舱完成自主快速交会对接后，航天员乘组从返回舱进入轨道舱。这标志着中国人首次进入自己的空间站，也是中国打造"太空强国"的又一里程碑。聂海胜表示："我们感受到了总书记和全国人民的关心关怀、关注关爱。我们一定牢记期望和嘱托，不辱新使命、不负新时代，永远做新时代中国航天事业的奋斗者、攀登者。"

中国航天人高举爱国旗帜，航天传统精神、"两弹一星"精神和载人航天精神在实践中不断沉淀、凝练、升华，成为航天人的宝贵财富，已沁入其骨髓、融入其血液、根植于其内心，激励着航天人去拼搏、去奋斗，勇敢肩负起建设航天强国的神圣使命。

资料来源：人民网

任务四 识别与开发社会创业机会

案例导入 1

智慧养老是在科技赋能城市发展大趋势下"老有所养"发展目标的主旋律。对失能失智型老年人来说，利用科技手段辅助日常生活成为其迫切需求。

张北是机电一体化专业二年级的学生，他观察到这一社会现象，于是与几个同学商量，想利用自己的专业知识，为失能失智型老年人做点事。经过研讨，他们认为与他们专业所学知识最为相关的日常生活设备是老年病人的护理床，而在通过实地调研各大医院了解情况后，他们发现目前市场上出售和使用的护理床大多只是通过手动进行调节和拆卸的护理床，涉及智能化操控的组合式护理床并没有推广于医学领域和民用领域。于是，他们萌发了设计一款新型多功能组合式智能家用护理床的念头。关于如何进行设计，他们找到学校里在这一领域有较多研究成果的老师，请老师帮助他们将团队的构想、所学理论与新型多功能组合式智能家用护理床的设计实践结合起来。老师帮助他们联系到本地合作企业的一线技能专家，在专家的协助下，他们设计出了一款新型多功能组合式智能家用护理床。该护理床的主要特点在于：一是内部各板块巧妙连接，能实现智能化操控，高效辅助使用者满足躺、坐等不同需求；二是内置激光雷达传感器，最大限度地减少使用者的行驶盲区，实现了使用者在户外活动时能够及时避开障碍物的功能。

张北的团队成功申请并入驻了学校创客孵化基地，在具有丰富实战经验的创业导师的指导下完成了这款新型多功能组合式智能家用护理床的创业计划书，并在同年的中国"互联网+"大学生创新创业大赛中得到评委们的高度评价，大赛创投机构纷纷对张北的团队的创新思维和产品设计表现出浓厚的兴趣。在大赛组委会的引荐之下，张北的团队与一家专业制造公司和一家养老机构达成合作，这款新型多功能组合式智能家用护理床最终出现在养老服务机构中，为失能失智型老年人带来更好的护理体验，实现了张北的团队的梦想。

◎ 案例思考

张北的团队启动新型多功能组合式智能家用护理床这个项目的背景是什么？该项目与其他同类型产品的不同点体现在哪？该项目是通过什么途径获得市场认可的？

案例启示

张北的团队通过观察市场动向与失能失智型老年人所需，进行了精准的产品定位，同时结合自身的专业知识，通过优化市场现有产品，将设计理论与实践活动有效结合，找到了团队想做且能做的社会创业项目。在项目实施过程中，张北的团队不断融入创新理念，从产品设计、技术应用、生产资源等方面进行改革创新，使产品既贴合市场需求，又符合使用者的预期。为了进一步将项目落地实施，张北的团队还在创业导师的指导下参加了高水平的创新创业大赛，借助大赛平台与支持资源一步一步实现团队的梦想。

案例导入 2

"垃圾分类一小步，健康生活一大步。"随着垃圾分类工作在全国范围内不断普及和实施，人民群众的环境保护意识也逐渐提高，许多与环保有关的项目如雨后春笋般涌现。

垃圾分类涉及分类投放、垃圾收集、运输及终端处理 4 个环节，而后面 3 个环节统称为后端处理。前端分类投放的难点在于培养居民垃圾分类的意识，后端处理的难点在于分类处理的基础设施是否完善、高效。从商业运营角度来看，后端处理工作过程中的利润较多，前端分类投放工作的利益较小，因此许多环保公司不愿意介入前端分类投放工作。

成都秋道科技有限公司（以下简称秋道）是一家专注于前端分类投放工作的社会创业组织。秋道的创始人黄建豪说他开展这项社会创业工作的初衷在于解决垃圾分类工作链条不完整的问题。秋道秉承"前后端匹配"的系统性思维，从头到尾渗透和优化垃圾分类链条的每个环节，秋道作为一个入口，把垃圾分类倡导和投放与后端处理工作连接起来。首先，秋道协同社区的服务组织和社会组织进驻到社区中开展垃圾分类的科普和宣传工作，让群众初步具有垃圾分类的常识和意识。其次，秋道按照住户数量向社区投放环保分类设备，让群众的各类垃圾都有地方可以投放。最后，秋道伙同负责后端处理工作的合作伙伴，实现垃圾的分类处理，避免"前分后混"的现象。

秋道的业务模式是"1 个中心+2 个关键点"。"1 个中心"是指秋道环保网，秋道环保网相当于秋道垃圾分类链条的"中枢神经"，秋道通过开发一个"互联网+环保"的积分兑换平台，实现了垃圾的有机循环。该平台有五大角色，分别是用户、操作员、商户、资源厂家和后台。秋道环保网建立了智慧垃圾处理体系，形成了垃圾分类的闭环，把垃圾变成资源，使其再回到循环体系中。"2 个关键点"是指小天环保设备和秋道环保空间，它们可以被视为秋道垃圾分类链条的"四肢"。秋道的环保设备分为两大类，一类是垃圾回收设备，另一类是垃圾处理设备。秋道根据社区住户的数量投放不同型号的垃圾回收设备，并打造分拣场地。分拣场地作为一个物理载体还会嫁接科普小站、环保餐厅、社区花园等。同时，秋道联合政府打造了一个数字监督和展示的科普馆，并将其作为枢纽协调中心。

秋道将餐厨垃圾减量的理念融入场地改造的项目中，改造后的场地叫作"一米田园"。首先，环保社收集家庭及果蔬门店的餐厨垃圾。其次，秋道利用其技术，在腾出的场地上进行酵素制作及堆肥，而堆肥的产出被用于社区"一米田园"绿色植物的种植和土地滋养，种植出的农产品和花卉再被配送到社区出售。产品的收益一部分进入社区自治管理基金池，另一部分用于改造场地的运营管理。这个项目既创造了经济价值，又盘活了社区自我管理的"造血"功能，实现了项目的可持续发展。

当然，秋道在发展过程中也受到各方面因素的影响。一方面，秋道面临社会创业组织普遍存在的问题，如资金匮乏、社会绩效难以测量、政府支持力度小等。另一方面，秋道在垃圾分类这个行业面临特殊性问题，如缺乏相关监管条例、垃圾分类涉及部门庞杂、整个工作链条的一体化建设落后等。尽管面临着诸多问题，但秋道作为一家社会创业组织，坚守使命，通过商业运营的手法，不断提高科技赋能，既让社区的垃圾分类工作更加有效，又让社区管理机构和社区居民等利益相关方获益，促使垃圾分类工作成为真正的新时尚。

"垃圾分类，人人有责"，只有政府、居民、社会创业组织等多元主体共同参与，从垃圾分类的旁观者变为建设者，才能将这种新时尚变为新习惯。

◎ 案例思考

秋道的创始人黄建豪的创业初衷是什么？他是如何将垃圾分类做到"前后端匹配"的？他是如何开发这个社会创业机会的？又有哪些因素影响着秋道的发展？

案例启示

垃圾分类工作是新时尚，城市治理的"最后一公里"在社区。面对形形色色的环保类创业公司，秋道的创始人黄建豪一方面秉承解决垃圾分类工作链条不完整问题的初衷，另一方面创新机会开发路径，从前端分类投放到后端处理，形成系统的机会识别与开发思维模式，环环相扣，保证整个工作链条的完整性。同时，黄建豪创新了"一米田园"管理模式，盘活了社区自我管理的"造血"功能，实现了项目的可持续发展。当然，秋道也面临着一系列的问题，这一系列问题的解决，需要每个社会人的共同参与。

相关知识

社会问题的解决途径多种多样，在不同的文化背景和社会环境下，社会创业者需要进行综合思考与灵活实践。

从一般意义上说，我们所理解的创业机会就是技术、经济、政治、社会及人口环境等发生了变化，使新产品、新服务、新原材料和新组织方式出现了新的情境。这是一个比较静态的概念。然而创业机会实际上是一个动态发展的概念，其中蕴含"原本模糊，但会随着时间的推移逐步明确起来"的意义。换言之，创业机会就是把资源创造性地结合起来，迎合市场需求（或兴趣、愿望）并传递价值的可能性。创业机会并不简单地等同于新产品、新服务、新原材料和新组织方式。

《21世纪创业》的作者杰夫里·A.第莫斯教授提出，好的商业机会具有以下4个特征。

（1）它很能吸引顾客。

（2）它能在你的商业环境中行得通。

（3）它必须在机会之窗存在的期间被实施（注：机会之窗是指将想法推向市场所花的时间，若竞争者已经有了同样的想法，并把它推向了市场，机会之窗就关闭了）。

（4）团队必须有资源（人、财、物、信息、时间）和技能才能创立业务。

社会创业机会的识别就是社会创业者基于自身的社会价值观念，对社会环境和经济环境进行分析、判断，从而认知和判别创业机会的过程。

社会创业机会的产生过程往往包括产生创意、着手创新、实施创业这 3 个步骤。创意是一个点子，创新是整个过程，创新思维是由一个点子萌发的，并散发到创业的实施过程中。前面两个步骤称为机会识别，后面一个步骤称为机会开发。

社会创业机会识别与开发是一个认知的过程，社会创业者需要考虑自身条件、分析外部环境，这些与商业创业机会识别是一样的。但由于社会创业本身在出发点和运作模式方面与商业创业有差异，因此社会创业在机会识别方面也有自身的特点。

（1）社会价值优先。社会创业组织的存在是基于一种社会价值理念的，因此社会创业组织在面对外部环境判断商机时，必须以社会价值作为基本考虑；在经济利益和社会价值之间做出选择时，要优先选择社会价值。这是由社会创业组织本身的社会使命决定的。

（2）指向社会问题。存在社会问题的地方就是社会创业的契机，因此社会创业者在分析外部环境时，瞄准的是经济、社会发展中出现的各种问题，如环保问题、就业问题、弱势群体救助问题等，这与商业创业者在进行商业创业时把握机会的指向是明显不同的。

社会创业机会主要来源于 3 个方面：正式系统失灵，如应对社会问题，政府部门乏力，市场元素无力；城市化发展，如垃圾需要处理、老年人口增多；技术创新，如科技发展、智能运用等。

社会创业者在识别创业机会之后，需要进行创业机会开发，这一过程包括感知、发现和创造 3 个部分。因创业机会开发的角度不同，创业机会开发分为 3 种类型：发现型创业机会开发（以创业警觉性发现需求，源于机会识别本身）；构建型创业机会开发（源于供给缺失，要求对消费需求有超前感知和资源构建的能力）；创造型创业机会开发（源于社会创业者的内心创造，没有经验可借鉴，属于从 0 到 1 的探索）。

社会创业机会识别与开发受多种因素的影响，包括社会创业者的社会动机、经验、创新思维方式、警觉性等因素，也包括技术因素、文化因素等内外部因素。

课程思政

因地制宜，脱贫攻坚

经过全党、全国各族人民的共同努力，在迎来中国共产党成立 100 周年的重要时刻，我国的脱贫攻坚战取得了全面胜利，现行标准下 9899 万农村贫困人口全部脱贫，832 个贫困县全部摘帽，12.8 万个贫困村全部出列，区域性整体贫困得到解决。我国完成了消除绝对贫困的艰巨任务，创造了又一个彪炳史册的人间奇迹。在脱贫攻坚工作中，数百万扶贫干部倾力奉献、苦干实干，同贫困群众想在一起、过在一起、干在一起，将最美的年华无私奉献给了脱贫事业，涌现出许多感人肺腑的先进事迹。

位于广东省梅州市五华县龙村镇南部的大梧村是 2016 年广东省政府确定的贫困村，从 2016 年 5 月开始作为广东科学技术职业学院（下简称广科院）的定点扶贫帮扶对象。广科院党委成立扶贫工作办公室，并选派莫振琳和王喜两位同志组成驻村工作队与村"两委"干部精诚团结、依靠群众扎实推进脱贫工作。驻村工作队认真谋划大梧村的产业发展，按照"因地制宜、产业扶贫"的工作思路，一是采用"合作社+基地+农户"的模式，投资 60 万元入股五华县鸟舌茶种植专业合作社，在 2018 年、2019 年共分红 9.6 万元，并将分红全部发给有劳动能力的贫困户；组织有劳动能力的贫困户 56 户与五华县鸟舌茶种植专业合作社签订产供销合同，解决了鸟舌茶的销路问题。二是投资约 95.7 万元建设 81 千瓦光伏扶贫发电项目，2018 年、2019 年共获得收益约 8.7 万元，其中 7.44 万元被发给有劳动能力的贫困户，1.28 万元被留给村集体，壮大村集体经济。三是投资约 78.3 万元参加五华县统筹项目，截至 2019 年年底共获得收益约 26.73 万元，受益群众为 57 户 254 人。四是鼓励有劳动能力的贫困户积极发展种植业、养殖业；邀请广东省农业科学院茶叶研究所专家等举办了 5 期农业实用技能培训；利用财政资金帮助贫困户发展种养产业，受益贫困户为 262 户次 1388 人次；评出"勤劳致富先进户""自强不息先进户"等脱贫致富先进典型，激发有劳动能力的贫困户通过自身努力和政策帮扶，实现增产增收。

此外，广科院还通过"以购代捐""以买代帮"等方式对大梧村的农户种养的土鸡、土鸡蛋、茶叶、黑豆、菜干等农产品进行消费扶贫，优先采购贫困户的农产品，帮助贫困户解决农产品的销售问题，稳定贫困户的增收渠道。驻村工作队充分发挥各二级单位师生的专业优势，形成长效帮扶机制：艺术设计学院的师生在大梧村创作"美丽乡村绘蓝图"文化墙绘，并对大梧村"一村一品"产品——鸟舌茶进行包装设计和品牌塑造；商学院在五华县开展"互联网+精准扶贫"电子商务人才培训及"互联网+精准扶贫"电商下乡活动；旅游学院对留守贫困户儿童进行"青春永向党 育智扶志精准义教服务"活动；机器人学院和体育学院开展"国家资助 筑梦启航"的国家资助政策下乡宣传和"国旗护卫、助您圆梦"活动；外国语学院对大梧小学三年级以上学生进行英语培训；文化与传媒学院开展普法下乡活动等，为扶贫攻坚工作提供了源源不断的动力。

五华县大梧村通过鸟舌茶种植开展产业脱贫工作如图 2-5 所示。

通过 4 年多的帮扶，大梧村贫困户的人均收入从 2015 年的不足 4000 元提升到 2019 年年底的 13 972.2 元，村人均可支配收入从 2015 年的 6770 元提升到 2019 年的 16 420.5 元，村民生活水平明显提高。

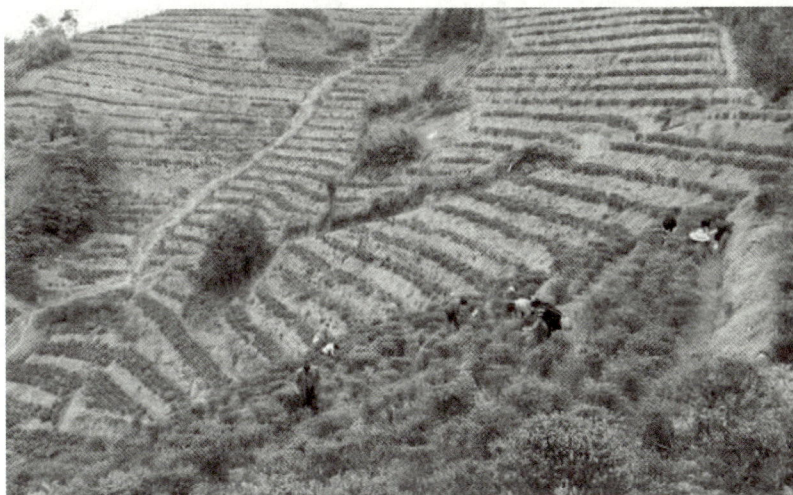

图 2-5

实训环节二　识别与开发社会创业机会

实训任务一　找到社会问题与社会使命

对启动社会创业活动而言，从灵感迸发到落地实施，首先要做的是对社会创业机会进行识别与开发。从日常生活的点滴中产生社会创业的灵感，到定位想解决的社会问题，再到描述社会使命，我们都需要秉持改革创新的理念不断尝试，通过实践不断摸索，开发更多可能性。请你结合本项目的内容和善淘网的案例，跟随下面的操作指引，完成实训任务。

操作一　寻找灵感

周贤和余诗瑶创立善淘网的灵感来自多个方面，既包括她们自身的经历，又包括她们在学习和工作过程中受到的案例启迪。请你写出她们的灵感来源，完成表 2-1。

表 2-1

项　目	创立善淘网的灵感来源
遇到了"痛点"	1. 闲置物品太多，没有办法体现其价值。 2. 残疾人就业受阻。 3.
通过有效社交遇到志同道合的人	1. 遇到了志同道合的伙伴。 2. 3.
自身的技能	1. 了解公共服务政策。 2. 3.
在学习和工作过程中受到的案例启迪	1. 学习已有慈善商店的经营模式。 2. 3.

操作二　陈述社会使命

社会使命是社会创业组织一切行为的核心目标，请你根据前文有关社会使命的案例及相关知识，写出善淘网的社会使命，并分析其社会使命的意义（为谁提供价值、提供什么价值、如何提供价值）。

善淘网的社会使命：＿＿＿＿＿＿＿＿＿＿＿＿＿＿＿＿＿＿＿＿＿＿＿＿＿＿＿＿

为谁提供价值：＿＿＿＿＿＿＿＿＿＿＿＿＿＿＿＿＿＿＿＿＿＿＿＿＿＿＿＿＿

提供什么价值：＿＿＿＿＿＿＿＿＿＿＿＿＿＿＿＿＿＿＿＿＿＿＿＿＿＿＿＿＿

如何提供价值：＿＿＿＿＿＿＿＿＿＿＿＿＿＿＿＿＿＿＿＿＿＿＿＿＿＿＿＿＿

操作三　分析问题树

请你围绕善淘网要解决的社会问题，思考善淘网的问题树，并完成图 2-6。

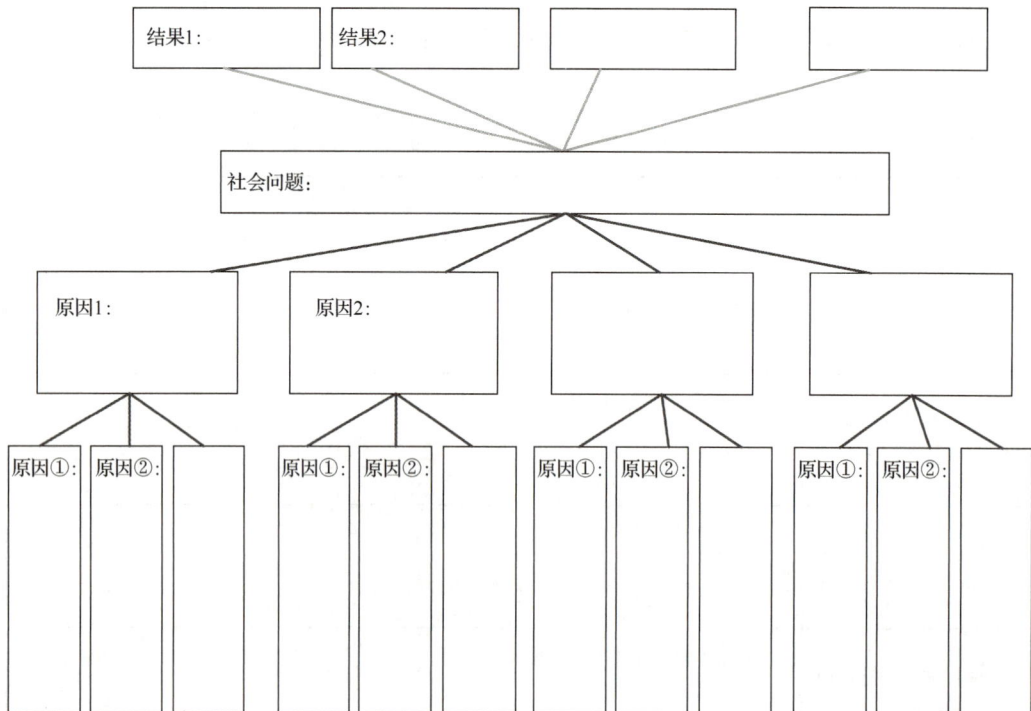

图 2-6

① 问题树中的答案要通过参与式讨论得出，不要独自埋头苦想。

② 如果陷入困境，那么可以尝试思考、分析并整合子问题，这样比直线向前推进更容易操作。

③ 不同的问题树能够提供关于问题的不同思考角度，随着讨论深入，问题树也可能不断变化，需要不断修订。

实训任务二　开发社会创业机会

在发现创新的灵感和明确社会问题之后，我们需要对社会创业机会进行开发，最重要的环节就是找到解决社会问题的方案。通俗点说，即我们可以用什么样的产品和服务来解决社会问题。请你结合善淘网的案例，分析其产品结构并为其设计服务。

操作一　细分用户

社会问题具有特定指向性，不同的人对同一个问题的感受是不同的。有闲置物品处置和购买需求的人不可能都是善淘网的用户。有的可以马上成为善淘网的用户，有的需要通过营销和周边用户的影响才能成为善淘网的用户。细分用户有 4 个实战性作用。

第一，为设计不同的产品和服务组合提供了依据。

第二，只有彻底了解用户特性才能找到精准的解决办法。

第三，直接找到种子用户，并与其迅速达成认知和形成传播。

第四，为分步骤产生社会影响力提供依据。

请你结合善淘网的用户细分工作完成表 2-2。

表 2-2

原 始 人 群	有闲置物品处置和购买需求的人
第一步细分	结果性描述： （参考点：不同需求的人的消费能力不同）
第二步细分	结果性描述： （参考点：不同年龄的人对闲置物品处置的看法不同）
第三步细分	结果性描述： （参考点：不同区域的社区管理方法和氛围营造效果不同）
善淘网的种子用户：	

善淘网种子用户的特征分析：关注典型用户的参与意愿、行为和观点，能够更好地解读用户需求，以及不同用户群体之间的差异。请你分析善淘网种子用户的核心特征，列出种子用户的 3 个明显特征（如对闲置物品捐赠文化接受度高）：

A. _____

B. _____

C. _____

操作二　分析产品结构

闲置物品的品类非常多，涵盖了我们生活的方方面面。我们需要确定产品结构，即选择运营哪种或哪几个品类的闲置物品，并以此作为自身社会创业项目的支撑业务。这个环节非常关键。好的产品结构设计能够吸引目标用户，能够保证社会创业机会得到落地实施。下面我们通过表 2-3 来分析善淘网的产品结构。

表 2-3

观　察　点	品　类　整　理
对国内同类项目进行观察并分析	品类 1_____（单品 1：_____单品 2：_____单品 3：_____　　） 品类 2_____（单品 1：_____单品 2：_____单品 3：_____　　） 品类 3_____（单品 1：_____单品 2：_____单品 3：_____　　） 品类 4_____（单品 1：_____单品 2：_____单品 3：_____　　） 品类 5_____（单品 1：_____单品 2：_____单品 3：_____　　）
对国外同类项目进行观察并分析	品类 1_____（单品 1：_____单品 2：_____单品 3：_____　　） 品类 2_____（单品 1：_____单品 2：_____单品 3：_____　　） 品类 3_____（单品 1：_____单品 2：_____单品 3：_____　　） 品类 4_____（单品 1：_____单品 2：_____单品 3：_____　　） 品类 5_____（单品 1：_____单品 2：_____单品 3：_____　　）
对种子用户的行为进行观察并分析	品类 1_____（单品 1：_____单品 2：_____单品 3：_____　　） 品类 2_____（单品 1：_____单品 2：_____单品 3：_____　　） 品类 3_____（单品 1：_____单品 2：_____单品 3：_____　　） 品类 4_____（单品 1：_____单品 2：_____单品 3：_____　　） 品类 5_____（单品 1：_____单品 2：_____单品 3：_____　　）

请你通过上述分析初步总结善淘网的产品结构，完成表 2-4。

表 2-4

产　品	品　类	单品（品牌）	备　注
主力产品 （销售额主力，购买频率高）	1.	1. 2.	
	2.	1. 2.	
辅助产品 （与主力产品关联，衬托和伴随着主力产品销售）	1.	1. 2.	
	2.	1. 2.	

操作三　设计服务

　　社会创业项目旨在创造社会价值的特殊性决定了服务本身已经成为社会创业项目核心竞争力的重要构成。我们可以从善淘网的案例中看出，目标用户购买的不仅是有形的闲置物品，还有参与公益活动的体验和价值。服务设计包括两个方面：基础性服务和增值服务。基础性服务是指满足目标用户基本需求的那部分服务，当你提供了基础性服务，目标用户的消费需求能基本得到满足，目标用户就有回购和参与其他活动的可能；增值服务则是指超出目标用户预期的那部分服务，提供增值服务能带给目标用户惊喜，大幅度提升目标用户的满意度，加深目标用户对品牌的印象，形成良好的社会影响。

　　请你结合善淘网的相关资料，为其设计服务，完成表 2-5。

表 2-5

服　务	线 下 门 店	线 上 平 台
基础性服务	例如，贴心的导购服务。 1. 2. 3. 4. 5.	例如，快速、热情的在线客服。 1. 2. 3. 4. 5.

续表

服　务	线 下 门 店	线 上 平 台
增值服务	日常（如闲置物品处置的知识普及）： 1. 2. 3. 4. 5.	日常（如公益知识介绍）： 1. 2. 3. 4. 5.
	定期社群活动（如闲置物品改造竞赛）： 1. 2. 3. 4. 5.	定期社群活动（如公益达人直播）： 1. 2. 3. 4. 5.

通过分析产品结构和设计服务，我们可以认真思考以下 3 个问题。

A．是否为解决前面分析的社会问题找到可能的解决方案，是否带来了用户价值和社会价值？

□是　　□否

B．是否能够保障项目可持续发展？

□是　　□否

C．这样的产品和服务是否符合团队的初心，即符合社会使命的设定？

□是　　□否

如果这 3 个问题都能得到肯定的答复，就说明团队成员对社会创业机会的识别与开发取得了初步成效。

项目三

稳中求变，化零为整——商业模式与资源整合

社会创业从本质上看是社会价值创造的一个过程。与商业创业一样，价值创造与否取决于用户的主观感受。无论是个人、组织还是社会，价值都转化为用户愿意为感受到的体验交换货币。在商业创业过程中，企业经营所产生的利润指标毫无疑问可以作为其产生价值的合理指标。但是在非营利性组织或社会创业背景下的价值创造过程并不能通过商业创业的价值创造过程来解释和论证。

从社会企业家精神的视角来理解社会价值创造，我们可以认为它是通过创新的方式整合资源来创造价值的过程，也是通过刺激社会变革或满足社会需求来寻求创造社会价值机会的过程。社会创业活动是不断探索和实践双重价值创造的创新解决方案，解决社会问题，进而达成社会使命的过程。

善淘网、格莱珉银行、金羽翼等优秀的社会创业项目无一不是双重价值创造方案的典型案例。稳中求变是社会创业团队在寻找符合其社会创业项目特点的商业模式时坚守的原则，化零为整也是社会创业团队在面临困境整合资源创造价值时采用的策略。

本项目将借鉴典型案例的分析，带你认识社会价值创造过程，分解商业模式的核心要素，进而了解资源整合方式。

任务一　明确价值追求目标——把握社会价值

案例导入

英国的肯特郡有一家叫作阳光的连锁餐厅，餐厅的利润均用于支持社区的技能培训，而餐厅本身也是培训的场所。阳光餐厅的商业发展部经理汤姆说：餐厅为社区的所有人服务，具有极强的包容性和多元性，人们可以到这里来学习、用餐和交流。阳光餐厅的宗旨是帮助，而非给予。阳光餐厅提供什么帮助？阳光餐厅帮助社区里的无家可归者、残疾人、不良行为受惩戒者、刑满释放人员和一切有需要的人提升其自身技能，这种技能可以是烹饪服务技能，也可以是社区能够给予培训的其他技能。受帮助者可以在这里从依靠救济变为能够获得收入，从而过上自给自足的生活。

阳光餐厅如图 3-1 所示。

图 3-1

阳光餐厅作为服务社区的交流空间，尽一切可能帮助警方、社区服务人员开展预防犯罪和心理援助工作。而支撑这些服务工作的前提是高品质的餐饮服务。阳光餐厅是拥有 3 个健康中心、5 个分店，提供多种健康饮食解决方案的社区高品质服务提供商。阳光餐厅也与其他社会企业合作，寻找绿色有机食材，而餐厅的有机食品也获得市场认可。2015 年，阳光餐厅受邀为伦敦唐宁街 10 号首相官邸提供上百人的餐饮服务，成为政府重点支持的典型社会企业。可以这样说，通过提供绿色有机的餐饮服务获得可持续收入，进而为解决社区弱势群体就业提供帮扶成为阳光餐厅的生存之道。

阳光餐厅的首席执行官皮特·霍德鲁克认为，社会企业的经营既要重视创造经济价值，又要关注社会价值创造过程。阳光餐厅的经济价值目标为保证阳光餐厅获得市场份额、服务社区居民日常生活奠定基础，同时阳光餐厅 80% 的员工来自阳光餐厅所在社区，因此向有需要的人提供技能培训和就业机会，找到对抗贫困的方法又促进阳光餐厅与社区良性互动，进而创造社会价值。

像阳光餐厅这样为有需要的人群提供技能培训和就业机会的社会企业还有很多，如英国的霍斯顿学徒餐厅等。回顾前文介绍过的社会创业案例，无论是善淘网的线上线下慈善商店模式还是格莱珉银行的小额信贷方式，都在兼顾经济价值与社会价值双重价值目标的前提下找到了自身所要解决社会问题的最优方案。

◎ **案例思考**

社会企业阳光餐厅是怎样运营的？它要追求的社会价值目标是什么？

🎯 **案例启示**

> 社会创业本质上是社会价值创造的一个过程，阳光餐厅及像阳光餐厅一样服务社区的社会企业都以社会价值作为根本追求目标。它们与传统餐厅一样都提供美味、健康的食品及高质量的餐饮服务（因为餐厅的主营业务是其立足的基础），但它们与传统餐厅又有不同之处：它们的员工与一般餐厅不同，它们的员工大多来自无家可归者、残疾人、不良行为受惩戒者、刑满释放人员和一切有需要的人；它们获得的利润不是用于股东分配，而是用于支持社区的技能培训；它们追求的

社会价值是为打造高品质的社区生态服务提供保障，同时为社区居民提供适宜的就业与发展平台。

相关知识

价值是一种主观体验。无论是个人、组织还是社会，价值都可以转化为用户愿意为感受到的体验交换货币。换言之，当用户愿意为产品或服务所支付的金额高于其原材料、劳动力、设备和物流等生产成本时，就是在创造价值。

社会价值的产生过程与商业创业领域中的财富创造过程有所不同，它是为了满足基本需求和解决社会问题而创造的价值，如向有需要的社会成员提供食物、住所、基本教育和医疗服务等。从社会企业家精神的视角来理解社会价值创造，我们可以认为它是通过创新的方式整合资源来创造价值的过程，也是通过刺激社会变革或满足社会需求来寻求创造社会价值机会的过程。目前，理论研究界对于社会价值的概念和理论框架还存在争议，并没有形成较为统一的认识。理论研究界对社会价值的研究视角主要有 7 个，如表 3-1 所示。

表 3-1

序　号	研 究 视 角	界 定 内 容	典 型 代 表
1	需求视角	社会价值是在满足基本的人类需求过程中产生的，以解决社会问题为主要目标创造的价值，如向有需要的社会成员提供食物、住所、基本教育和医疗服务等	泽托和米勒（2008）
2	社会发展视角	社会价值是那些在提升教育水平和促进经济发展等方面形成的社会财富或社会正义（如减少性别不平等）	麦克莱恩（2006）
3	能力理论视角	创造社会价值就是实现福祉，做最有价值的事情的能力，这种能力可以保障社会正义	森（1992）、罗纳尔多（2011）、努斯鲍姆（2003）
4	社会企业家精神视角	社会企业家精神是通过刺激社会变革或满足社会需求来寻求创造社会价值的过程，社会价值是社会企业家行为目标的重要特征	麦尔和马迪（2006）

续表

序　号	研究视角	界定内容	典型代表
5	复杂性科学和系统理论视角	社会价值是实现为更大公共利益服务的行为（社会事业产出部分），并优先于经济价值	迪茨和波特（2012）
6	个人幸福感视角	社会价值是通过干预弱势群体的主观幸福感而引发的积极变化部分	克罗格和韦伯（2014）
7	人权发展视角	社会价值是为实现自身发展的三大核心价值的活动，即维持生计、自尊和免于奴役	辛科维奇（2015）

社会价值具有 3 个典型特征：一是对个人或社会群体生活产生了影响或做出改善；二是社会价值并不是社会创业组织独创的，非营利性组织、商业企业或政府部门内部都能创造社会价值，只是社会价值在整体价值体系内的作用不同或所占地位有较大差异；三是要实现社会价值，我们就要有清晰的目标和任务，了解问题改善的程度，进行测量和评估并不断改进。因此，社会价值可以被看作组织的各项资源、要素、经营过程和政策体系经过最优组合后，对个人、群体或整个社会生活带来的影响与改善。

根据价值链创造理论，社会创业过程的各项资源、要素经过"投入—活动—产出—结果"的经营过程，最终以完成组织目标和社会使命为检验标准，因此社会价值创造过程就与社会创业过程融为一个整体。

社会价值创造过程的简化示意图如图 3-2 所示。

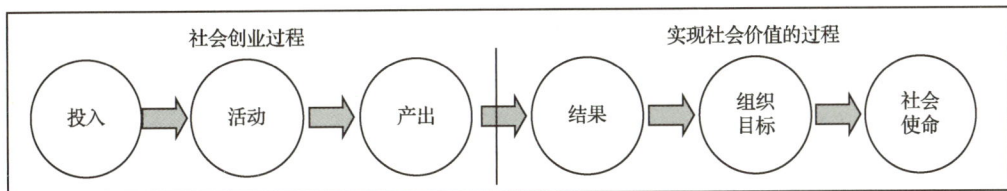

图 3-2

课程思政

社会主义核心价值观得到公众高度认可

2020 年 12 月，由中国社会科学院主办，中国社会科学院科研局、中国社会科学院社会学研究所、社会科学文献出版社承办的 2021 年《社会蓝皮书》暨中国社会形势报告会于北京市举行。

《社会蓝皮书》是中国社会科学院"社会形势分析与预测"课题组的年度报告。《社会蓝皮书》中的《中国社会主义核心价值观公众认可度调研报告》采用全国大型纵贯抽样调查项目"中国社会状况综合调查"（Chinese Social Survey，CSS）数据，解读并分析了自 2013 年以来社会公众对社会主义核心价值观的认同状况。

该报告运用 2013 年和 2019 年全国调查数据对比表明，自党的十八大以来，社会主义核心价值观的推广践行卓有成效，爱国、和谐等体现国家认同和社会秩序、社会团结的价值理念逐步得到公众较高程度的认可。

数据显示了中国特色社会主义制度的优越性，意味着全国人民在现代化建设中思想观念更加统一，预示着实现推进国家治理体系和治理能力现代化目标具有了良好的公众和社会基础。CSS 由中国社会科学院社会学研究所于 2005 年发起，至今已展开 7 次调查，调查区域覆盖了全国 31 个省（区）市，每次调查访问 10 000 余个家庭。

马克思说："迄今为止，人们所追求的一切都与他们的利益有关"。利益问题属于价值问题。人民至上的价值立场，决定了以人民为中心的价值取向，规定了人民利益的价值标准，标定了实现人民美好生活的价值目标，顺应了人民对美好生活的向往和实际诉求。可以说，人民美好生活是中国特色社会主义新时代人民利益的现实呈现与反映，为在新时代背景下坚持和发展中国特色社会主义提供了社会价值标尺。社会创业实现社会价值的过程也正是对"以人民为中心价值取向"的具体落实。

资料来源：新华网客户端

任务二　找到价值创造方案——优化商业模式

案例导入

印度 Aravind 眼科医院被称为社会企业的典范。20 世纪 70 年代末，文卡塔斯瓦米医生发现印度有大量患白内障等眼疾的人亟待救治，而其中超过 80%的人皆是可避免和可救治人群，但是大量生活在印度底层的穷人无力承担白内障等眼疾手术的费用。在 58 岁退休之时，他选择在马杜赖（印度泰米尔纳德邦第二大城市）创立 Aravind 眼科医院。Aravind 眼科医院以"尽最大可能减少失明者，为患者提供贴心、暖心且高水准的眼睛治疗服务"为愿景，进行了大量免费的手术，让大量患有白内障等眼疾的穷人有机会重见光明。经过多年的发展，Aravind 眼科医院已成为世界上最大的单一眼科手术提供商，每年门诊量超过 270 万人次，员工超过 5000 人，形成拥有研究中心、医院、社区眼科门诊、医疗营、培训中心、保健中心、眼内镜工厂等完善机构的医疗集团。

Aravind 眼科医院的创始人文卡塔斯瓦米医生的肺腑之言和其中一所分院的外景如图 3-3 所示。

营利性医疗机构通过先进的技术和高额的收费获得成功不足为奇，但是通过质优价廉甚至免费的手术为广大贫困人群提供服务的社会企业是如何做到经济价值与社会价值平衡进而取得成功的？这确实值得我们思考。

"失明是除死亡之外最大的悲哀，然而世界上仍然还有成千上万的人遭受失明的痛苦，这项恢复视力的社会使命，迫切需要公众的参与。"

——创始人文卡塔斯瓦米医生的肺腑之言

Aravind 眼科医院其中一所分院的外景

图 3-3

Aravind 眼科医院为两类患者提供服务，分别是较为富裕的眼疾患者与贫困人群中的眼疾患者。这两类患者得到同等水平的医疗服务，但因配套服务和收费方式有差异，因而形成了支付群体和免费群体两类患者群体。医院的外科医生基于大规模的眼疾免费手术，积累了丰富的眼部手术经验，并成长为白内障等眼疾技术领域的专家。这些专家的规模、影响力在印度的眼科医院中首屈一指，这样就能吸引更多有支付能力的患者前来就医。

除日常接诊外，Aravind 眼科医院还与其他慈善机构或非营利性组织合作（如世界卫生组织或 Seva 基金会），开展眼疾免费扫描营等活动，加强与贫困人群的联系。每周的眼疾免费扫描营活动在各地开展超过 20 次，经过筛选适合治疗的患者被转送到附近的 Aravind 系统下属医院进行治疗。Aravind 眼科医院还在各地社区保健中心和视力中心进行远程连线，使基础筛查工作渗透进社区和街道。眼疾免费扫描营、社区保健中心和视力中心等节点成为 Aravind 眼科医院实施筛查服务和口碑宣传的有效渠道。

面对如此庞大的患者群体，要达到手术质量高超、手术成本低廉并不是一件容易的事，Aravind 眼科医院是如何做到的呢？秘诀就在于高效的运营体系及流水线一般的高标准手术管理过程。如果你走进 Aravind 眼科医院的手术室，就会看到这样的场景：5～7张手术台有序排放，医生与护士配合娴熟，在高质量地完成手术后，医生转身在另外一张手术台上开展下一台手术，护士在上一个手术台有条不紊地完成术后缝合等收尾工作并接着开展后面手术的准备工作。这种看起来不太合规的手术流程却是经过反复试验和论证后的创新成果，它对医护人员、医疗设备和操作环境都提出了近乎苛刻的要求，但是 Aravind 眼科医院仅用 5 分钟就可以完成在其他医院至少 30 分钟才能完成的眼科手术，大大降低了手术成本。在手术室内景中，通过医护人员头顶的吊扇可以看出，手术室的环境较为简朴，医疗设备却是先进的手术显微镜及超乳机。

Aravind 眼科医院手术室的内景如图 3-4 所示。

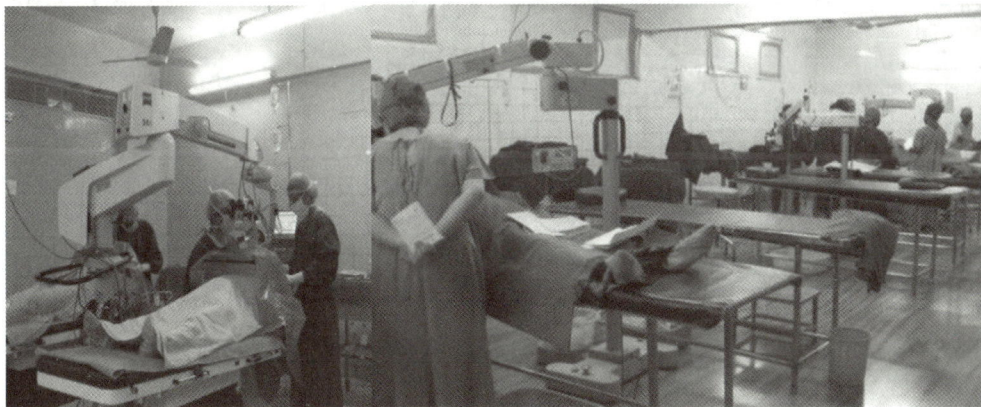

图 3-4

Aravind 眼科医院另外一种创新性降低成本的方式是自主研发手术材料。白内障手术的主要成本是价格高昂的人工晶状体等医用材料的成本。Aravind 眼科医院自主设立了眼科器械、药品和消耗品研发生产基地——Aurolab。这里可以生产眼科手术的所有耗材——手术刀、粘弹剂、硬晶体、折叠晶体、缝线、硅油，以及各种眼科药品和消毒剂等，Aravind 眼科医院研发的各类医用材料质量过硬、成本低廉，并获得 ISO 9001：2000证书，通过 CE（Conformite Europeenne，欧洲统一）、FDA（Food and Drug Administration，食品药品监督管理局）和 GMP（Good Manufacturing Practice，良好生产规范）的认证。

Aravind眼科医院研发的各类医用材料除了自用，还低价供应给有需要的非营利性组织。

标准化运营体系的创新还体现在医院人力资源的整合与使用上。如果一个印度贫困家庭有1人因罹患眼疾而失明，那么整个家庭将陷入困境。Aravind眼科医院针对这个问题开展了招募患者家属经培训成为基础护理员的活动。Aravind眼科医院共招募了超过1万名来自贫困家庭的基础护理员。除此之外，设在社区承担基础视力筛查、视力保健和初步治疗工作的视力小站和社区保健中心也从贫困家庭招聘人员进行管理，形成了独具特色的基础护理人力资源体系，有效支撑了Aravind眼科医院的可持续发展。

Aurolab研发生产基地的外景及视力小站如图3-5所示。

图 3-5

Aravind眼科医院为支付群体提供定制化的手术产品和高标准的服务，并将产生的收益补贴给免费群体，同时为两类患者群体按照各自的需求和实际情况提供质量上乘的眼科手术与眼部护理服务。由于Aravind眼科医院的患者群体规模庞大，其运营过程可以达到规模效应，这又对Aravind眼科医院完成社会使命产生积极的影响，使Aravind眼科医院可以为更多的免费群体提供源源不断的服务，从而实现良性循环。

◎ 案例思考

Aravind眼科医院是怎样运营的？Aravind眼科医院的商业模式的创新体现在哪些方面？

案例启示

　　Aravind 眼科医院为能够负担手术费用的支付群体提供定制化的手术产品和高标准的服务，并将产生的收益补贴给身患眼疾却家庭贫困的免费群体。Aravind 眼科医院的商业模式在客户细分、关键资源、重要关系网络、标准化运营体系的建设、收支结构等方面都进行了创新。

相关知识

　　商业模式不仅在商业创业研究领域受到重视，在社会创业研究领域也受到高度关注。商业模式借鉴资源基础理论、合作网络理论等，在研究领域呈现出多种解读方式。主流观点认为商业模式的本质是价值创造的方式，是描述组织通过战略规划及资源整合，为客户创造价值并产生收益的方式。通俗点说，商业模式就是一个组织如何经营并盈利的套路和方法。

　　很多机构在构建商业模式理论结构的同时，探索出分析商业模式的工具。然而，商业模式包括的要素繁多，这成为社会创业组织商业模式研究难以避免的困扰。

　　社会创业领域商业模式的创新是包括客户平台、价值网络、核心战略和战略性资源在内的整体性创新。客户平台指向社会创业组织与客户形成并维系友好关系，通过向客户提供产品或服务从而创造价值。社会创业组织客户平台的创新体现在以下两个方面：一方面是社会创业组织的目标服务市场更加关注社会群体的需求，如格莱珉银行的目标服务市场是急需贷款的穷人，而 Aravind 眼科医院的目标服务市场既包括贫困的眼疾患者，又包括有支付能力更看重医疗技术服务的患者；另一方面在于社会创业组织在实施社会创业活动时对关系网络的要求更高，社会创业组织由于命运相通，彼此之间的情感联系更紧密，在公益活动上的协作更多。价值网络是社会创业组织可持续运营依赖的价值链要素及其所属关系的统称，可以分为重要伙伴、供给网络与支持系统 3 个部分。来自社会各界的支持、政府部门的扶植政策及融媒体支持都是价值网络的重要组成部分。当然，社会创业组织行业内部的联动与联系、社会创业组织与商业组织及投融资机构（如公益基金会等）的协同合作也是比较重要的价值网络。核心战略是商业模式创新的关键指导思想，如 Aravind 眼科医院要构建一套高效的运营体系和标准化的流程。在社会创业组织中，以解决社会问题为核心的目标是社会创业组织所有行动的统一指挥。为了将参与市场化竞争过程中可能产生的衍生社会问题（如环境污染、资源配置不均衡等）尽量最小化，现有社会创业组织的产品和服务均瞄准社会急需的友善类型。战略性资源是社会创业组织为了实现核心战略而获取的各种资源的总和。战略性资源包括内部资源和外部资源两大类。社会创业组织自身具备的人、财、物和信息等资源属于内部资源；社会捐赠、政府支持、政策保障等资源属于外部资源。在社会创业组织创造社会价值的过程中，客户平台、价值网络、核心战略和战略性资源互相作用、互为补充。

商业模式画布是近些年受到认可的能够帮助大家更好地理解商业模式这个概念的管理工具，包括相互关联的 9 个元素。商业模式画布如图 3-6 所示。

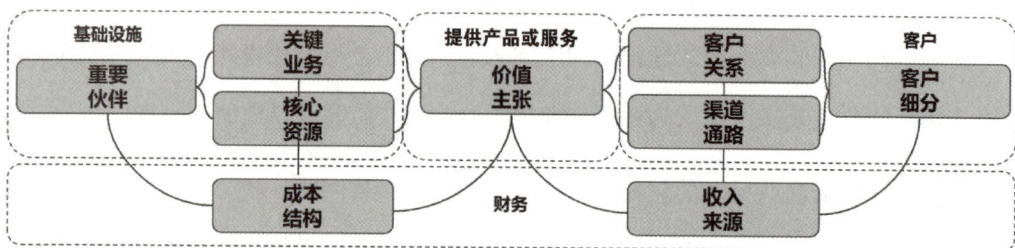

图 3-6

（1）客户细分：描述组织服务的目标客户。

（2）客户关系：与客户建立和维护关系的方法。

（3）渠道通路：向目标客户提供价值主张的渠道与方式。

（4）价值主张：旨在通过为特定客户群体提供有价值的产品或服务来解决客户的问

题并满足客户的需求。

（5）关键业务：为使商业模式发挥作用，组织必须开展的业务活动。

（6）核心资源：保证组织能够提供价值主张所需要的重要资源。

（7）重要伙伴：协助提供重要资源和开展业务活动的合作伙伴。

（8）收入来源：由成功提供给客户的价值主张所产生的盈利结构。

（9）成本结构：在依据特定业务模式进行运营时，组织需要付出的成本部分。

商业模式画布的 9 个元素也可以归类为 3 个方面：价值主张、价值结构和收支模式。价值主张包括客户细分和价值主张；价值结构包括客户关系、渠道通路、关键业务、核心资源、重要伙伴；收支模式包括收入来源和成本结构。

课程思政

实业救国的社会企业家——张謇

2020 年 11 月，习近平总书记在江苏考察期间，专程前往南通博物苑，参观张謇生平介绍展陈，了解张謇实业救国和从事社会公益事业的事迹。回顾张謇生平，可以说他不仅是爱国企业家，还是社会企业家。张謇创办的大生集团就具有社会创业商业运营的特点。

"公司者，庄子所谓积卑而为高，合小而为大，合并而为公之道也。……甚愿天下凡有大业者，皆以公司为之。"张謇在建厂之初，就将"服务于民众之生活"作为办厂的宗旨和目标，而非个体利润的最大化。他创造性地使用股份制方法筹募社会资本，梯级"累退制"股权制度限制了官股的"大股东"股权，保障了中小股东的权益。大生集团采取职工股份制使企业具有合作制属性。许多员工（包括普通机匠）也有股份，在企业中同时具有员工与股东双重身份，实现了劳动者的主体地位。他们通过参与分红，将个人利益与企业利益紧密联系，分享利润、共担风险。张謇虽经营有利润丰厚的企业集团，但个人不占有资本收益，他个人及亲朋甚至为了社会建设事业债台高筑。因此，张謇创办大生集团的例子就具有典型的社会企业商业模式特点，值得好好学习。

资料来源：新华网客户端

任务三　多方寻求支持力量——开展资源拼凑工作

案例导入 1

善淘网在打造一个基于慈善商店的社区公益生态道路上不断探索，但也常常面临难以解决的资源约束困境。

随着影响力不断扩大，愿意给善淘网捐赠闲置物品的个人和单位越来越多。在收到大量捐赠物品之后，善淘网的伙伴们发现有些物品或多或少存在瑕疵而没有办法再次销售，于是他们决定将物品进行分拆和组合。他们请知名设计师进行免费创意设计，并将各种分拆的材料制作成时尚包袱皮、创意花插摆件，还与妇女儿童管理机构和社区管理机构共同开展鼠标垫改造工作坊、创意编织体验市集、手工皂 DIY 工作坊等社区居民可以广泛参与的活动，让大家一同体验"变废为宝"的乐趣。

善淘网开展的社区居民可以广泛参与的活动如图 3-7 所示。

善淘网下设在各个社区里的慈善商店除了招募残疾人作为工作人员支撑运营，还会通过各种渠道招募志愿者。也许他是稚气未脱的年轻人，也许她是满头白发的退休阿姨，也许他是一位不善言辞的自由职业者，也许她是一位刚刚搬入社区的全职妈妈，也许他是一位朝九晚五的上班族……善淘网的员工相信，每个人都有自己擅长的技能，每个人都可以在善淘网发出最独特的光芒。

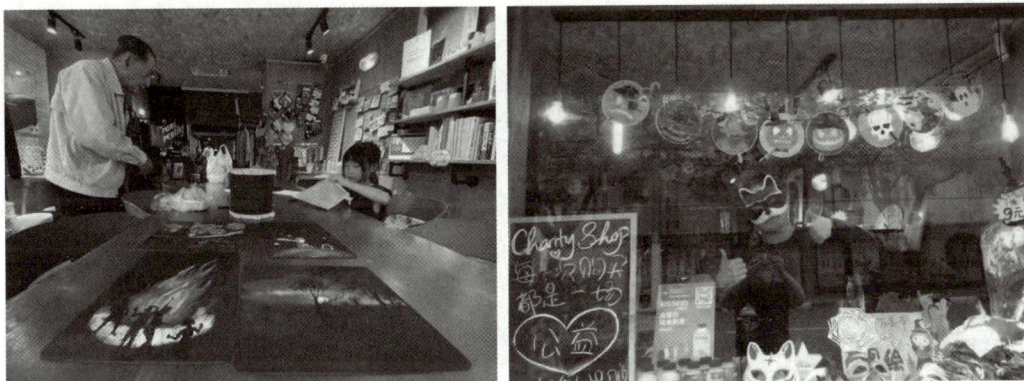

图 3-7

善淘网的志愿者中有一位干练的高知——潘老师。潘老师在听说慈善商店里有一台性能上佳的爬楼机几个月都没有成功让有缘人"领走"后，主动开发售卖渠道、扩大宣传，并不断学习爬楼机的性能和使用方法，甚至专门为这个爬楼机制作了使用视频，形成了方便掌握的可视化说明书，很快促成了这个爬楼机的再利用。在善淘网的志愿者团队中，像潘老师这样的充分利用专业知识和技能促进闲置物品再利用的人还有很多。可以说，充分利用志愿者的技能成为善淘网整合人力资源的秘诀。

基于公开、透明的原则，善淘网每年都要向社会发布年度透明度报告。在新冠肺炎疫情爆发后的 2020 年，善淘网也遇到了艰难的时刻，但善淘网的伙伴们发挥自己募集物资的优势，从海内外募集防护服，自主制作疫情手语小视频，普及防护知识，还向湖北及上海街道社区捐赠抗疫物资。善淘网各方面的运营指标并未因疫情下降，反而呈现增长趋势，并成为 2020 年度上海市"公益之申"十大公益机构之一。

◎ 案例思考

善淘网在面对资源约束困境时采取了哪些做法？这些创新的做法对善淘网产生怎样的影响？

案例启示

在面对有瑕疵的物品无法销售这种情况时，善淘网采取将物品进行分拆和组合的做法，开办各种手工工作坊，把各种分拆的材料重新组合，使原本面临被废弃命运的物品重新焕发生机；在面对运营过程中的人力资源困境时，善淘网根据每位伙伴的实际情况定制岗位内容，发挥每个人的特长，务求人人尽展其才。解决问题的办法越来越多，愿意加入善淘网的伙伴越来越多，他们汇聚成公益创新的力量也越来越大。

案例导入 2

李小东（化名）是社会工作专业二年级的学生，在实训学习阶段，他和同学们到社区服务中心详细了解了老年人的日常生活。他们发现随着年龄的增长，老年人的身体机能和认知能力逐渐减弱，患有慢性疾病的老年人在日常生活中很多不起眼的小事上都产生了很多需要解决的问题。

李小东找到计算机技术专业的好朋友，围绕患有慢性疾病的老年人常常忘记服药这个问题启动了利用现代信息技术为老年人提供智能服务的项目。首先，他们通过社区服务中心联系了一批患有慢性疾病的老年人作为观察样本，收集他们的日常生活信息并进行跟踪记录，发现这些老年人在日常家居生活环境中的医疗服务方面存在的问题，挖掘潜在需求。然后，他们请学校里熟悉的老师帮助他们深入学习传感器技术方面的知识。最后，在拥有多年软件服务行业工作经验的李小东的表哥的帮助下，他们为患有慢性疾病的老年人设计出一个智能服药服务系统。

在这个智能服药服务系统设计完成以后，李小东想到学校的创业教育中心可以提供学生创业团队起步和运行阶段的各种辅助和咨询辅导服务，于是向学校递交了申请并成功入驻学校的创客孵化基地。李小东和他的伙伴们还通过学校的创业教育中心找到了合适的创业导师。在创业导师的精心指导下，李小东和他的伙伴们完成了一份详细的创业计划书，并参加了大学生公益创新创业大赛。通过项目路演，智能服药服务系统获得评委们的青睐，其中一位评委还把李小东的项目介绍给当地一家知名的公益基金会……

◎ 案例思考

李小东是怎样启动智能服药服务系统这个项目的？在这个过程中他是怎样整合各种资源的？

❯ 相关启示

李小东启动智能服药服务系统这个项目离不开对自身所能掌握和接触的内外部各种资源进行有效整合。首先，他善于整合学校与专业资源，请专业的人做专业的事。其次，他善于借助自身的社会关系网络找到合适的项目伙伴与行业支持。最后，他善于借助各种平台和项目路演的机会去争取外部资源。

相关知识

资源是指项目团队在提供产品或服务过程中，拥有或支配的有助于实现自己目标的各种要素及其组合。创业资源是项目团队先后投入和利用的各种内外部有形资源与无形资源的总和。创业过程中的各种资源可以分为：自有资源和外部资源；有形资源和无形资源；人力资源、社会资源、财务资源、物质资源、技术资源和组织资源；生产性资源和工具性资源；运营性资源和战略性资源。

自有资源是指项目团队自身拥有的资源，如资金、技术等；外部资源是指从外部获取的资源，如投资、顾问指导等。

有形资源是指以物质形态出现或者可以衡量价值的资源，如厂房和设备等；无形资源是指像信息技术和品牌影响力等以非物质形态出现或难以衡量具体价值的资源。

人力资源、社会资源、财务资源、物质资源、技术资源和组织资源是指具体到项目团队的知识和经验、社会关系网络、资金资产、有形资产、技术专利和组织运营规范等资源。

生产性资源是指直接作用于生产过程的资源，如生产流程和作业标准等；工具性资源是指专门用于获得其他资源的部分，如组织声誉和技术专家等。

运营性资源包括技术资源、资金资源、物质资源和人力资源等作用于项目可持续运营的资源；战略性资源主要指知识资源，包括显性知识（如行业知识、技术知识、产品知识和管理知识等）资源和隐性知识（如管理经验和产品开发技能等）资源。

资源拼凑（Resource Bricolage）是指项目团队创新性地针对其现有资源进行整合与开发，以应对成长困境。依据对象，我们可以将资源拼凑分为实物拼凑、人力拼凑、技能拼凑、市场拼凑和制度拼凑等。依照特点，我们可以将资源拼凑分为凑合利用、突破束缚和即兴创新 3 类。资源拼凑的主要分类及具体内涵如表 3-2 所示。

表 3-2

主 要 分 类		具 体 内 涵
依据对象	实物拼凑	把闲置的或废弃的有形实物资源转化利用为运营要素
	人力拼凑	将闲置人力资源（含项目团队成员、志愿者、服务客户等）进行优化组合，从而增加有效劳动力供给
	技能拼凑	将闲置的或传统技能转化为项目运营所需要的技能
	市场拼凑	将原有客户关系整合利用于开发新市场或提供新服务
	制度拼凑	将旧制度或规范整合为新的文化、流程或制度体系
依据特点	凑合利用	利用现有资源寻找新机会，侧重现有资源整合与创新
	突破束缚	突破传统利用资源的方式，侧重制度流程再造与创新
	即兴创新	在凑合利用与突破束缚中临时发挥，侧重即兴整合

课程思政

全国高校最有影响的思政大课——青年红色筑梦之旅

2015 年，由教育部与政府及各高校共同主办的中国"互联网+"大学生创新创业大赛在激发大学生的创造力，培养造就"大众创业、万众创新"的主力军，促进"互联网+"新业态形成，推动高校毕业生更高质量创业就业等方面发挥着越来越重要的作用。

2017 年，该项赛事同步推出青年红色筑梦之旅活动（见图 3-8）。青年红色筑梦之旅成为一堂最有温度的国情思政大课。这堂课引导青年学生坚定理想信念、锤炼意志品质，以"青春梦"托起"中国梦"。各地大学生创新创业团队走进延安、井冈山、西柏坡、古田等革命老区，追寻革命前辈伟大而艰辛的创业史；走进安徽小岗村、黑龙江大庆、宁夏闽宁等地，感受敢为人先的奋斗精神。

图 3-8

习近平总书记在得知参加了青年红色筑梦之旅活动的同学们扎根中国大地了解国情民情，用创新创业实践助力精准扶贫脱贫，推动高校的智力、技术和项目资源在各贫困县落地生根，帮助当地老百姓脱贫致富，带动当地经济社会发展，助力走好脱贫攻坚"最后一公里"的成果后，欣然为同学们回信，号召祖国的青年一代扎根中国大地了解国情民情，在创新创业中增长智慧才干，在艰苦奋斗中锤炼意志品质，在亿万人民为实现中国梦而进行的伟大奋斗中实现人生价值。

　　收到习近平总书记回信的正是参加了青年红色筑梦之旅活动的陕西省的"小满良仓"团队。借助中国"互联网+"大学生创新创业大赛这个平台，该团队用电子商务模式帮助贫困农户销售了 5000 余万元农产品。同样借助这个平台找到合作资源的还有厦门大学的"我知盘中餐"团队，他们对接了 103 个合作社，帮助农民 215 户。云南省的"彩云本草"团队则针对乌蒙山区干旱缺水、土地贫瘠问题，开发出环保的保水剂，并带领山区老乡种植近千亩中药材，帮助农户把年均收入从 3000 元逐步提高到 1.2 万元。可以说，青年红色筑梦之旅活动已经成为高校学生整合学校与社会资源，开启精准扶贫与助力乡村振兴的重要平台。

实训环节三　分析社会价值与商业模式

实训任务一　诊断社会价值

公益创新与社会创业的过程从本质上说是创造社会价值的过程。社会创业的商业模式既与商业创业的商业模式有相同之处，又有不同之处。与商业创业相比，社会创业项目本身面临着更多的资源约束困境，这就要求社会创业团队整合各类资源，开展商业模式创新。

操作　诊断社会价值

社会价值可以被看作组织的各项资源、要素、经营过程和政策体系经过最优组合后，对个人、群体或整个社会生活带来的影响与改善。结合社会价值的特点，我们一般可以从项目解决了什么样的社会问题，解决到什么程度，为客户、员工、志愿者或者利益相关机构做出哪些贡献或改变，改变到什么程度，形成什么样的社会影响力，社会使命的完成程度如何等方面进行总结与诊断。

请你结合善淘网开展的各项业务填写表 3-3。

表 3-3

善淘网开展的业务	社会价值体现的具体内容
为当地社区的残疾人创造工作机会	1. 创造残疾人就业岗位××个。 2. 带动相关人员就业××人。 3. 保障××个家庭的基本生活，为其带来改善生活的希望。
为当地社区志愿者团队创造参与社区公益的机会	1. 为社区居民自治管理与日常交流提供了更好的平台。 2. 3.

续表

善淘网开展的业务	社会价值体现的具体内容
减少闲置资源浪费，实现资源再配置	

实训任务二　分析商业模式

为了更好地理解商业模式画布这个管理工具，我们结合公益创新与社会创业的特点对商业模式的 9 个要素、3 个方面（价值主张、价值结构和收支模式）及其互动关系进行分析。在前面的实训任务中，我们已经讨论了善淘网通过哪些产品或服务为客户提供价值，接下来我们重点分析其收支结构与核心资源。

操作一　分析收支结构

善淘网的闲置物品销售依托其线上平台和线下慈善商店这两种渠道进行，具有典型的 O2O（Online to Offline，线上到线下）模式特点。在 O2O 模式中，非常容易出现线上和线下相互挤占资源的现象，因此对线上和线下的销售渠道进行规划和设计很有必要。请你思考社会创业项目线上和线下渠道的区别和特点，填写表 3-4。

表 3-4

项　　目	线 上 平 台	线下慈善商店
主要作用		

续表

项　　目	线 上 平 台	线下慈善商店
产品线结构优化	产品档次： 价格区间： 产品类型：	产品档次： 价格区间： 产品类型：
利润规划	□高利润 □低利润	□高利润 □低利润
销售目标	□增加客户数 □提高客单价	□增加客户数 □提高客单价

　　销售闲置物品是善淘网的收入来源之一，除此之外，善淘网还可以通过承接其他项目等方式获得其他收入。请你综合考虑善淘网可能开发的其他收入来源与成本支出，填写表 3-5。

表 3-5

收入来源	销售闲置物品	承接其他项目	政府补贴	项目获奖奖金
成 本 支 出	租金支出	残健融合运营支出 （含人工成本）	捐赠支出	公益项目活动 支出
其他收入来源（请把你想到的其他收入来源列举在下面）：				
其他成本支出（请把你想到的其他成本支出列举在下面）：				

操作二　分析核心资源

在对商业模式进行分析时，我们需要对支撑关键业务的核心资源进行细致的梳理。善淘网既为客户提供闲置物品的在线捐赠与销售服务，又开办线下慈善商店，还承接政府公益服务项目。与此同时，善淘网也开展回馈社区的公益服务活动。请你结合这几项关键业务，填写表 3-6。

表 3-6

关　键　业　务	所需的核心资源
闲置物品在线捐赠与销售服务	① 实体资产： ② 知识技术： ③ 人力资源： ④ 合作网络： ⑤ 其他资源：
线下慈善商店运营	① 实体资产： ② 知识技术： ③ 人力资源： ④ 合作网络： ⑤ 其他资源：

续表

关 键 业 务	所需的核心资源
承接政府公益服务项目	① 实体资产： ② 知识技术： ③ 人力资源： ④ 合作网络： ⑤ 其他资源：
开展回馈社区的公益服务活动	① 实体资产： ② 知识技术： ③ 人力资源： ④ 合作网络： ⑤ 其他资源：

提 示

① 资源整合与资源拼凑的方向不能乱，需要直指关键业务。

② 每项关键业务都可以从以上 5 个方面进行思考，我们可根据业务需求具体考虑，最后进行汇总合并。

③ 在描述各项核心资源的具体内容时，我们需要尽量采用定量描述。

操作三　获取核心资源

在了解所需的核心资源后，我们应该把目光聚焦在如何获取和运用核心资源上。对社会创业者而言，资源的所有权并不是关键，最重要的是对外部资源的控制和影响。通常，获取所缺资源的方式或渠道越多，社会创业项目的绩效越好。下面对善淘网发展所需核心资源的获取进行规划，请你将要点填在表 3-7 中。

表 3-7

核 心 资 源	获取资源的方式或渠道	简要的原因说明

提 示

① 获取所需资源对社会创业者而言是一项重要的计划。

② 社会创业者应该尽可能拥有获取外部资源的能力和渠道。

③ 社会创业者需要在充分沟通后，按照 SMART（Specific、Measurable、Relevant、Time-bound，具体的、可衡量的、可以达到的、相关的、有时限的）原则制订清晰的资源获取计划，并合力完成。

操作四　概括商业模式画布

根据上述分析，请你在图 3-9 中概括出善淘网商业模式 9 个元素的主要内容，形成可视化的社会创业项目商业模式画布。

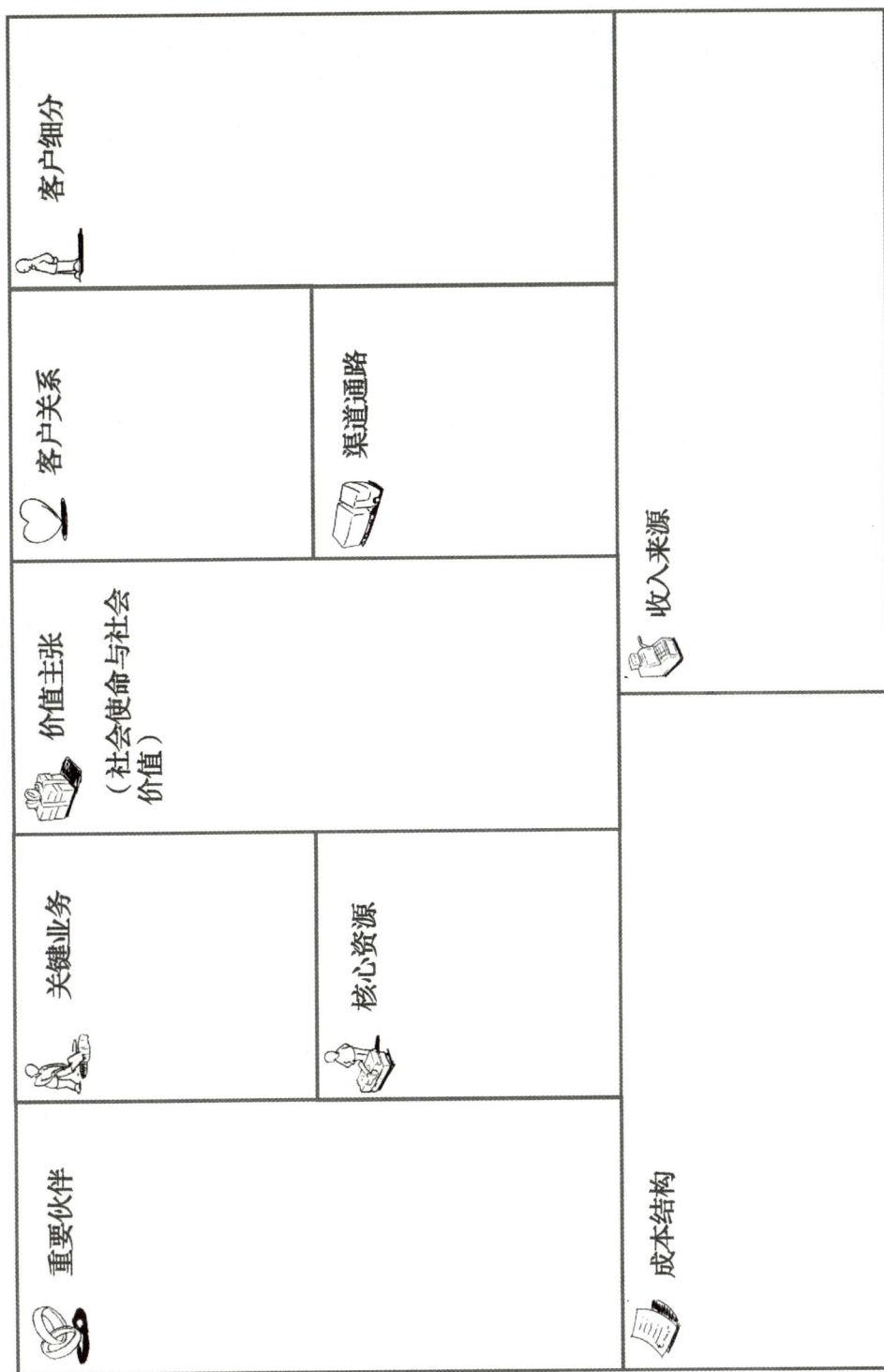

重要伙伴

关键业务

价值主张
（社会使命与社会价值）

客户关系

客户细分

核心资源

渠道通路

成本结构

收入来源

图 3-9

项目四

招贤纳士，凝心聚力——社会创业团队建设

想发展，先找人；要壮大，组团队。公益创新与社会创业项目的首要资源约束就是人力资源的困境。从近年来公益创新与社会创业项目的发展情况来看，人才短缺、人才易流失、社会创业组织缺乏团队精神与凝聚力等问题，严重阻碍着社会创业组织的发展和壮大。因此，社会创业团队建设显得尤为重要，团队精神不仅事关组织使命与战略目标，还关乎提高团队成员的服务意识和公众利益觉悟。社会创业团队在脆弱的初创期和发展期的精湛的选人、用人与留人技术，是提高社会创业团队稳固性的有效保障，也是促进团队建设与持续发展的关键要素。

本项目紧扣社会创业团队建设，通过了解社会创业团队建设的重要性，挖掘社会创业团队在选人、用人与留人方面的技术，剖析社会创业团队建设与管理的可持续发展要素，助力社会创业组织的人力资源壮大。

任务一　相辅相成——社会创业团队建设的重要性

案例导入 1

说到社会创业团队建设，我们首先把目光放到前文提到过的郑卫宁和他创办的残友集团。

1997 年，身患重症的郑卫宁先生捐赠自己的微薄积蓄，于深圳创建残友集团。从一个只有 5 名残疾人和一台计算机的打字、复印小作坊，不依靠任何外来资金援助，自我运营，发展成为目前囊括 1 家公益慈善基金会、14 家社会组织、40 家分支机构的残友集团，为数千名残疾人提供了集中、稳定的就业机会。

残友集团作为现代化、集团化高科技社会企业，以"发展社会民生与高新产业互助发展的和谐科技融入现代产业体系"为历史己任，被誉为创业带动就业的典范。残友集团实行残疾人自主管理、自主发展的制度，为解决残疾员工上下班的困难，提供免费食宿的无障碍大后勤保障，成功实现了残疾员工借助高科技集体就业的目标。

残友集团从管理层到技术骨干直至一线的普通工人，大部分都由不同残疾程度的优秀人才组成。在技术研发层面，残友集团成为由北京大学、湖南大学等各地知名高校培养的软件及计算机类专业肢体残疾优秀毕业生汇聚的摇篮；在一线服务层面，残友集团也将大批具有公益服务精神的特殊伙伴纳入麾下。

郑卫宁先生于 2009 年 11 月，为保障残友事业的稳定发展，将其在残友集团的 90% 的个人股份和各分公司 51% 的个人股份，以及"残友"和"郑卫宁"的注册商标和品牌价值等，通过专业律师进行公证捐赠。他的做法深深影响着各层面的员工，也进一步促进了残友集团人力团队的发展和壮大。

与传统商业集团不同，残友集团的组织架构较为新颖。为了保证创造经济价值和社会价值的双重价值目标不冲突，残友集团采取了基金会控股的方式，由顶层的郑卫宁慈善基金会实施控股而非创始人个人控股，这样一来，社会企业的公益服务方向便得到巩固。而郑卫宁慈善基金会下辖 14 家社会组织和 40 家分支机构。社会组织和分支机构的独立运营主要是为了保证社会组织可持续发展，分支机构则全权负责落实残友集团的社会责任和开展慈善公益事业。因为残友集团的主营业务在软件技术开发、动漫文化产品开发、电子商务运营等信息化技术水平较高的领域，残友集团还与大型的跨国企业（如IBM、英特尔、华为等）都保持着合作和交流关系，所以残友集团为残疾人提供了更多可供选择的工作岗位及生活保障资金。郑卫宁慈善基金会、社会组织和分支机构 3 类组织既相互独立又互相制衡，它们均具有自己独立的理事会和监事会，人员不重叠。目前，残友集团已经成功上市成为股份有限公司，其成功的重要原因之一就是组织管理清晰、职责分工明确、残疾人团队的稳定性较高。残友集团实现了员工和组织的互利共赢。

残友集团是实现残疾人集体就业的社会企业中唯一的高新技术企业；是残疾人占较大比例就业中唯一自我滚动良性发展的企业；是能让残疾人实现自我管理、自我决策的企业。从残友集团的人力资源发展情况看，这是互联网技术与公益服务建设的成功实践案例，也是残疾人借助高科技或信息技术实现自我发展与自我管理的典型探索。

◎ 案例思考

残友集团的组织架构是怎样的？创始人郑卫宁是怎样创建团队的？创建团队对残友集团产生的影响如何？

案例启示

残疾人是一个庞大的特殊群体，他们中的大部分人都渴望与身心健康者一样去工作、去奋斗，并且从中获得拼搏的快乐。但在现实生活中，我们往往将这个群体作为被动的服务施舍对象，并没有发现或者挖掘他们内在的人力资源潜力。一方面，郑卫宁及其团队成立残疾人自己的组织，实现残疾人自己管理自己；团队的组织架构采取基金会控股的方式，而非个人控股的方式，明确社会企业公益性的发展方向和社会使命，通过郑卫宁慈善基金会、社会组织和分支机构3类组织形成"三角形架构"，稳固组织的发展。另一方面，郑卫宁及其团队通过信息技术类产品创新及残疾人的职业稳定性，为自身人力资源的供给提供"自我造血"功能，实现员工和组织的可持续发展。

案例导入 2

1998年7月12日，98雷励中国远征行动在长城开幕。作为一家致力于青年教育的公益组织，雷励青年公益发展中心（以下简称雷励）从一成立就带有航海家的视野、冒险家的精神，还有一点英式的优雅和细腻。培养勇于实践、乐于挑战、具有开创精神和全球视野的青年一代，是雷励的使命。倡导"探索、勇气、正直、魄力"，是雷励的理念。具体来说，远征队员必须在边远地区的项目所在地区共同肩负起保护环境、服务社区的使命，同时要挖掘自己的潜能，探索丰富多彩的世界。

2020年11月，雷励发布2021夏季项目——路在脚下，志在彼方。该项目涉及贵州青年营、云南少年营，项目内容包括环境保护、社区建设、野外探索等，旨在提升青年的自我希望、心理素质、心理韧性等，使青年得到锻炼。

雷励团队与其他社会创业团队不同的是，参与者"多元化"是雷励奉行的团队核心价值观。不论性别、年龄、发展阶段、身体状况、宗教信仰、文化有何差异，来自四面八方的人都能平等地参与雷励的项目。当拥有不同背景的人相聚在一起，就已经起到战胜歧视和社会排斥的作用。例如，在项目区域选择上，雷励往往倾向于选择具有当地文化特色的边远地区。在组织设计上，雷励会把远征活动分为上、下两个阶段，远征队员也会在不同阶段进行不同的分组。一旦上半段远征活动结束，其他一些分别在环境保护、社区建设、野外探索 3 个子项目指导下行动的队员就要全部打散，并按照一定的规则重新编排。每天每组队员都要民主选出组长、厨师、文艺委员等 5 个关键人员。这不是一项单纯的户外拓展活动，而是一项集多种体验于一身的综合性体验学习行动。

在雷励，你可以完全自由地表达自己的观点。雷励鼓励各种形式的提问，也捍卫你质疑和上诉的权利。你可以听到丰富离奇的筹款经历，可以听到五花八门的生火做饭方法，可能会遭遇各种各样的冲突和思想碰撞，可以交到形形色色的朋友，还可以在项目所在地实施你想实施的公益创新计划。每个人都怀着不同的目的加入雷励，试图找到一个更好的自己。

如何才能参与雷励的项目呢？报名者必须通过参与者甄选营的选拔。雷励每年都会在上海、武汉、广州等地陆续举办参与者甄选营，报名者必须在 33 小时的封闭训练中，通过一系列任务考核，才能获得参与资格。另外，参与项目需要交纳一定的报名费用。这笔费用的 75%用于项目运作，包括工具购置、交通、通信、义工和队员培训、安全保障等；15%用于项目推广，包括与政府部门及各机构联络、与项目所在地的小组接洽、维护网站等；剩下的 10%则用于公益创新机构的运营，包括行政管理和人力资源管理等。需要特别说明的是，雷励要求个人交纳经费中至少要有 20%来自个人筹款，且参与者必须与"雷友"（雷励项目中的伙伴）分享自己的筹款经历。青年营的队员要求在 14～17 周岁；远征队员要求在 18～24 周岁；义工和志愿者则要求在 25 周岁以上，并且需要具备一定的工作经验或相关专业技能，他们主要起督导和管理作用。

这种受益者付费的方式是雷励区别于传统纯慈善教育型公益组织的团队建设方式。按照受益者付费的原则，受益者需要承担部分费用。而对雷励来说，筹款环节已成为受益者经受锻炼的环节。对青年而言，参加雷励的项目无疑对其体能、心理和经济都是一个巨大的挑战。实际上，最终能怀着各式各样的梦想踏上征途的年轻人也是凤毛麟角，而在这个过程中，每个人都在自己心中埋下了一颗公益创新的种子。

◎ 案例思考

雷励具备什么样的核心竞争力？雷励团队与其他社会创业团队有什么不同？要想参与雷励的项目，报名者需要具备哪些要素？雷励的团队建设方式有什么意义？

✦ 案例启示

雷励作为雷励国际理念的中国实践者，在组织愿景和社会使命上非常成功地沿袭了传统，使青年在参与雷励的项目时能真正实现对自我的磨砺和对社会责任感及团队意识的培育。主动创新是雷励不断发展的"法宝"，选择定制拓展培训的项目是顺应市场需求的，也进一步延展了雷励品牌的空间，让更具创新性的项目成为可能。受益者付费的方式，一方面考虑了项目的资金获得，另一方面考虑了参与者的自我实现。这种不同于传统纯慈善教育型公益组织的团队建设方式，使得参与者能够根据自己的职责坚守各自的责任，用热情和努力为实现组织的共同目标做出贡献。

相关知识

创业团队建设对于团队可持续发展的重要性毋庸置疑，良好的团队建设，能激发团队成员的创造力。团队成员间的沟通与思想碰撞有利于团队知识储备与认知模式的构建，也能促使团队成员就某一个或多个方面的问题进行深入思考及自主学习。团队成员通过知识的重组及实践能进一步激发其创造力。高质量的优势互补团队有利于项目的执行。团队成员因个人特质及外部环境的影响，很难独自完成项目，一个项目的运作与实施，需要集合所有团队成员的力量，将单个个体的力量集合成整体力量，取长补短，发挥"1+1>2"的功效。社会创业团队建设有别于商业团队建设，遇到的阻力更多、更大，大多以志愿服务为依托的社会创业组织更需要强有力的团队支撑。团队成员只有相互取暖、相互协助，才能克服发展道路中的种种问题，成就可持续发展的社会创业之路。

团队建设与管理的过程可以说是不断地分权、分责、互惠共利的过程。职责就是任务，即做什么事，做到什么程度，横向、纵向的关系及完成任务应配备的权限。在组织设计中，职责应落实到每一个人。在创业团队的职权管理过程中，领导者要真正地授权给团队，而不仅仅是让他们参与，要准许团队做出长期的、战略性的决定。

社会创业团队的建设与管理工作还要特别注重团队精神的培养和人员激励的方法，要努力争取让团队成员参与管理、共同决策，充分调动其积极性、主动性和创造性。团队成员也应该秉承对组织社会使命的共同认知，相互依存、相互宽容、互敬互重、彼此信任、共同提高，最大限度地发挥团队的整体功效。

课程思政

钟南山呼吸疾病防控创新团队获国家科技进步奖创新团队奖

2021 年 11 月 3 日，2020 年度国家科学技术奖评选结果揭晓，由中国工程院院士钟南山领衔的钟南山呼吸疾病防控创新团队获得国家科技进步奖创新团队奖。这是全国唯一获此殊荣的创新团队，也是广东首次获得该奖项。

钟南山呼吸疾病防控创新团是国内最早的呼吸疾病研究团队之一，现有成员 50 人，其中 96% 的成员具有副高以上职称，88% 的成员具有博士研究生学历。该团队搭建了国家实验室、国家呼吸医学中心等 11 个国家级平台。团队带头人分别为钟南山、何建行、冉丕鑫，主要成员为沈华浩、唐芹、周玉民等。该团队围绕"呼吸疾病发生发展的流行病学特征、分子机制及早诊早干预"这一关键科学问题进行研究，在疫情防控、慢病管理、科研创新等多个领域成果丰硕。

2003 年，SARS 疫情爆发，钟南山一句"将最危重的病人送到我这里来"，给当时的疫情防控注射了一剂"强心针"。

2020 年，84 岁的钟南山赶赴武汉，通过实地走访确定了新冠病毒会人传人。无惧病毒勇敢"逆行"，他在火车餐车上闭目思索的照片感动了全国人民。

在钟南山的带领和感召下，钟南山呼吸疾病防控创新团队的成员用技术和智慧勇战疫情。SARS、甲型 H1N1 流感、H7N9 型禽流感、中东呼吸综合征、新冠肺炎……在多次重大呼吸道传染性疾病的临床救治中，团队成员不仅驰援国际、国内，奋战在抗疫一线，还主动承担救治重症患者的艰巨任务。本着科学的指导思想和实事求是的科学精神，该团队总结了"三早三合理"、防治关口前移、体外膜肺系统提前介入等有效的疫情防控和救治措施，参与构建了我国重大呼吸道传染病临床防治体系，提高了我国近 10 年的呼吸道传染病疫情治愈率，还建立了国际先进的新发呼吸道重大传染病"防—监—治—控"链式周期管理体系。

如今，钟南山呼吸疾病防控创新团队仍在不懈地开展呼吸系统疾病基础与临床的科学研究，实现新药与诊断设备研制的常态化，为提高国民整体健康水平保驾护航。

资料来源：南方日报

任务二　人尽其才——选人、用人与留人技术

案例导入 1

在"大众创业、万众创新"的时代浪潮下，在中国这片热土上诞生了许多创业故事，越来越多的企业在城市的各个角落里生根发芽。与此同时，那些关注到中国农业农村发展及金字塔底层价值的社会企业也如雨后春笋般涌现出来。成都市五里香贸易有限公司（以下简称五里香）就是其中的代表之一。

五里香成立于 2015 年，彼时，怀揣着发展家乡产业梦想的返乡创业青年唐有丽，心

系家乡蒲江的农业发展，响应政策号召，带着川妹子的干练和干劲，一股脑地扎进蒲江农村的田间地头。五里香目前已发展成为一家融种养殖业和乡村旅游为一体的多元化发展农业服务机构，拥有茶叶及多种果蔬的标准生产基地 5000 余亩，采用公司+合作社+技术团队+农户的经营管理模式，从源头种植开始把控产品质量，确保经济价值与社会价值双重价值目标可持续发展。从成立伊始的致富初心到如今的商业目标与社会目标同向同行，五里香走出了一条产销得当、电商品牌和农业产业双向互惠的综合性农业发展创新之路。另外，五里香还积极拓展服务家乡的服务项目，开展家庭服务、社会看护与帮扶服务、老年人与残疾人养护服务。五里香以自身的拓展服务业务很好地诠释了其社会目标。在了解到五里香符合社会企业的条件后，唐有丽便带领团队果断申请了社会企业认证。不负众望，五里香凭借自身的社会价值与优质的服务成功地获得了社会企业认证。

在通过社会企业认证后，五里香获得了更多的人脉与资源。"一些做得很成功的企业会愿意向我们分享经验与案例，我们根据前人的经验，一直在摸索，一直在进步。"唐有丽感激地说。同时，五里香与其他社会企业一直在互帮互助，共同为蒲江的发展而努力。

作为社会企业，五里香不仅为员工创造良好的工作环境、提高员工的生活水平、组织员工旅游和学习，还对残疾人等生活困难的群体进行精准扶贫（为他们带去慰问和生活用品，收购他们滞销的农产品），并通过展板的方式宣传和倡导这样的扶贫行为，向五里村的村民传递正能量。同时，五里香组建了两大技术团队：农业技术专家团队和骨干精英服务团队，专门为农业种植户提供技术服务，力求做到"农户需要，随叫随到"。五里香还在村委会设立技术服务中心，以便收集和整理农户反映的在种植方面遇到的各种难题。技术服务中心承诺对所有问题都会在 3 个工作日内给出相应回复。

五里香的全职员工为电商协会的人员、合作社的人员及其他务工人员，其中大多数是本地返乡青年，少数是周边乡镇人员。

唐有丽表示，五里香更偏向招收本地的员工，主要有 4 个原因：第一，五里香的创立初衷就是为家乡的村民谋福利，帮助村民增收创富，从而改善生活质量；第二，可以尽可能地省去员工的食宿开销，降低社会企业发展的人力成本支出压力；第三，降低员工的流动性，从而提高人力资源队伍的稳定性；第四，每个人都有家乡情怀，本地人更愿意为了家乡的发展而努力奋斗，这更加符合五里香的区域服务发展定位。

案例思考

五里香的哪些方面符合社会企业认证？五里香在发展过程中是如何选择员工的？五里香采取什么方式留住员工？

案例启示

五里香从成立到慢慢壮大，采用公益服务与商业运营的混合型模式，走出了一条产销得当、电商品牌和农业产业双向互惠的综合性农业创新之路。

唐有丽和她的团队扎根在五里村的泥土里，生出一朵美丽、芬芳的服务家乡产业的"花朵"，为村民带来丰收和增值的喜悦。五里香的技术、服务及产品等都有了较大提升，突破了自身发展的瓶颈，为村民增加了收入。在选择员工、让员工有归属感、保障员工的稳定性方面，唐有丽从多个方面着手，为五里香的发展提供了有效的人力资源管理保障。尽管五里香目前的市场占有率还不高，但其团队在向着更好的方向发展，逐渐走向成熟。五里香的故事还在继续，始终将社会使命放在心上的五里香必将不断发展和壮大。

案例导入 2

公益创新离不开志愿者的参与和支持，尤其是对以大学生群体为主的青年公益组织而言，大学生的热情和充裕的时间是组织的优势，一届届大学生志愿者可以为组织源源不断地提供创新动力和可持续的人力资源。

灯塔计划是一个立足于广州地区，面向农村教育的民间义务工作非营利性组织，通过组织来自城市的具有良好教育背景的义工进行下乡义教和师资交流，引导并唤起当地学生的学习动力和对生活的追求，帮助他们树立健康、积极的人生观，从而促进当地社会的可持续发展，促进乡村教育事业的改善和发展。

在灯塔计划的管理体系中，灯塔计划先选择有一定基础且有空间发展潜力的地区和学校，然后招募具有良好教育水平的义工。义工采取下乡义教、同伴教育的方式，和基础教育接轨，教育内容侧重于学生原先难以认识和理解的事物，目的是展现丰富的生活和世界。这样的策略符合大学生义工的特点和长处，由此产生了"义教周期"的概念。

灯塔计划的团队建设过程包括以下几个步骤。

首先，招募。灯塔计划招募志愿者非常强调理念认同，招募"最适合的人"而不是"能力最强的人"。灯塔计划在保证公平的基础上做了很多尝试。例如，通过设置面试官、面试小组长、总面试官等，精心设计面试程序，使得相当多符合要求的优秀大学生义工被招募进来。更为重要的是，被选中的大学生义工从这个筛选过程中感受到自己是从千百人中挑选出来的精英，因此尤其看中自己作为灯塔计划义工的荣誉感。

其次，培训。培训是集中体现灯塔计划的文化及提升团队成员认同感的途径，包括阐述会、教研培训、团队培训等。团队培训被看作灯塔文化的支柱，强调培训精神的建设及人与人之间关系的培养。灯塔文化中的开放气氛，让团队成员体验了开放的真正内涵，结识到能交往一辈子的朋友，并且开始对下乡义教产生较大的期待。在这个培训过程中，灯塔计划灌输了两个基本的原则：一个是反馈原则；另一个是快乐健康原则。

最后，下乡。下乡主要围绕教课、活动和个案跟踪辅导进行。每个人除要参加下乡义教活动以外，还要建设和管理团队。每个义教组都设有组长，每组都下设 3 个部，这样的分工使得整个义教组可以形成一个有效的团队来处理其在陌生乡村遇到的各种事务。

当一次下乡义教活动结束后，灯塔计划会让各义教组把下乡义教的感想和体会收集起来，并对整个下乡义教活动进行总结与反馈。在一个义教周期结束后，各义教组总结和反馈的信息可以帮助新一轮的灯塔计划。如此循环，在新老义工之间就产生一个代际更替的问题。灯塔计划是"铁打的营盘，流水的兵"。灯塔计划之所以能够实现"兵"流动而优秀传统得以传承，在很大程度上得益于社交网络，义工在下乡义教中形成的友谊，通过 QQ 群、微信群等得到维系。同时，灯塔会议及灯塔教学经验的小册子进一步推动了这种优秀传统的延续。

灯塔计划安静地、慢慢地、坚定地走出了属于自己的道路。这不只是荣誉，更是公众的认同，是公众对灯塔计划的认同，也是公众对下乡义教活动的认同。

◎ 案例思考

大学生志愿者组织有什么特点和局限？灯塔计划在团队建设中有哪些步骤？灯塔计划是如何传承志愿者精神的？

案例启示

灯塔计划的成功之处在于它对商业领域的专业化、职业化手法和运作体系的借鉴和运用。招募中的系统、科学的流程，培训中的对组织文化和参与式方法的运用等，都使得相当多的与灯塔计划的理念相同和符合灯塔计划要求的大学生义工被招募进来，并在灯塔计划中迅速成长。此外，这一套系统的流程也有助于培养大学生作为灯塔计划义工的荣誉感和对组织的信服与认同。

灯塔计划组织在城市受过良好教育的义工自费到教育硬件设施相对齐备，但师资力量薄弱、教育水平落后的偏远地区开展短期下乡义教活动，用最少的资金、最直接的方式，推动了偏远地区素质教育的发展，这给其他义教组织和公益创新组织提供了参考与启发。

相关知识

对社会创业组织来说，在创业初期，团队的不稳定性，甚至是巨大的人员变动，并不让人惊讶，而是很经常发生的事情。

很多社会创业者在创业之初就致力于找到那些"正确的人"，包括知识、技能、态度等都很优秀的人。但实际上，在社会创业团队建设过程中，找到与团队价值观和使命相契合的人才是首选，这些人被称为"合适的人"，而这些人的技能可以通过后期的培训和实践来提高。

如何找到"合适的人"对于社会创业组织较为重要，社会创业组织应该重点把握以下两点。

1. 合适重在合心

合适包括合力、合作与合心，但最为重要的是合心。大家把资源放在一起，或者你出资源我出力这样的简单组合，只是一个松散的结构，绝不牢靠。能够把大家长久地聚为一体，有难不乱、有利不散的黏合剂是共同的社会创业理念，它主要包括对社会使命的认同、与经营管理理念的相近、对解决社会问题的认可。

2. 合适重在融合

合适的团队一定要能够发挥各方的优势，弥补各自的劣势，取得"1+1>2"的效果，而不能是"1+1=2"的效果，更不能是"1+1<2"的效果。社会创业团队是一个互相弥补、互相补充的核心团队，它只有带领着有共同理想和社会创业追求的团队成员往前走，让团队成员相互磨合、互相融合，才能有长远发展。

在把握住选人环节之后，社会创业团队要通过将合适的人用在合适的岗位上，达到有效用人的目的。社会创业组织在发展过程中，随着自身业务的发展，需要的人才是多方面的，如何安排团队成员，是团队可持续发展的关键。

随着团队成员更深入地参与到社会创业团队中，社会创业团队的一些公益活动、激励措施等都会使得团队成员的意义型期望和部分物质期望获得满足。例如，有的团队成员深入一线，亲自帮助受助对象，会认为自己做的事很有意义，创造了社会价值，满足了其意义型期望；有的社会创业团队则不断强调公益创新这件事本身的意义价值，增强团队成员的归属感与荣誉感，使得团队成员表现出积极参与的行为。

最后到了社会创业团队留人的环节。一方面，社会创业组织的启动与运营资金很有限，团队成员的工资一般都很少。另一方面，社会创业团队的可持续发展也是待考量的，这同样影响着团队成员建设与管理。五里香通过招收本地的员工，增强家乡情怀来留住员工；灯塔计划通过层层选拔义工，传承志愿者精神的方式激励并留住团队成员。因此，社会创业团队留人需要依靠创新的方式，找到与社会创业团队相匹配的留人方式，这是社会创业团队的生存发展之道，也是社会创业团队建设与管理的关键。

所谓的优秀组织文化，是指能够适应环境变化、吸收优秀人才、创造竞争优势、促使组织茁壮成长的经营价值观、经营思想和策略。它对组织发挥着引导、约束、激励、辐射和整合的作用。能够留住人的社会创业组织文化通常是乐观的、积极的、能引导员工奋发向上的，同时是宽松的、富有包容性的，有海纳百川的气度。社会创业组织文化要为社会创业组织的社会使命服务。

课程思政

"逢山开路、遇水架桥"——港珠澳大桥建设团队

历经 6 年前期设计、9 年建设，全长 55 千米，集桥、岛、隧于一身的港珠澳大桥于 2018 年 10 月 23 日宣布正式开通。这个中国桥梁建设史上技术最复杂、环保要求最高、

建设标准最高的"超级工程"，堪称世界交通建设史上的新标杆。

国家工程、国之重器的背后是一支"功成不必在我，功成必定有我"的中国桥梁建设者队伍。十几年间，他们顺境不骄、逆境不馁，在伶仃洋上"作画"，在大海深处"穿针"，体现了勇创世界一流的民族志气，彰显了"逢山开路、遇水架桥"的中国奋斗精神。

2003 年 8 月，国务院正式批准三地政府开展港珠澳大桥前期工作；2004 年 3 月，前期工作协调小组办公室成立，时任广东省高速公路公司董事长的朱永灵被任命为总负责人，苏权科成为技术总负责人。朱永灵开始招兵买马，招收英才。怀着对港珠澳大桥的憧憬，张劲文、余烈、苏毅、江晓霞、刘少燕等 13 人聚集一堂。在三地建桥，要经过三地政府的审批、签字，由于三地的政策法规、管理体制、办事程序、技术标准、思维习惯等方面存在差异，因此协调工作多且难度大，朱永灵把自己当作"受气包"，笑称"自己的气度都是被撑大的"。由于口岸模式、投融资模式等无法确定，工作曾一度陷入僵局。但团队成员没有任何动摇，甚至约定自掏腰包，定期轮流组织培训沙龙等活动，广泛收集和调研国内外的相关资料，与国内外的研究机构和专家进行交流与探讨，完成了 51 项专题研究报告，为协调解决大桥登陆点、桥隧工程方案比较、口岸查验模式论证、环境影响评价、中华白海豚保护等关键问题提供了有力支撑。

"去韩国考察得到的是一张整平船的远景照片，到荷兰公司寻求合作则遭遇天价咨询费。"港珠澳大桥岛隧工程总经理林鸣决定自主研发，并带领技术团队经过两年多的日夜煎熬和无数次的试验测算，创造性地提出"半刚性"沉管结构方案，实现了滴水不漏的效果。项目经理余立志临危受命，在短短半年的时间里，他乌黑的头发七零八落。中交公路规划设计院的设计大师孟凡超带领团队经过反复的踏勘、实验和论证，将不可思议的设想逐渐变成确实可行的设计方案，他甚至在手术后仍未脱离生命危险的情况下仍坚持与同事讨论设计方案。90 多岁高龄的孙钧院士 30 多次深入现场，为团队排忧解难。工程师王胜年带领团队通过 7 年的刻苦攻关，确定了工程混凝土的耐久性设计指标……

寒来暑往，潮起潮落。为了一个共同的目标，成千上万的建设者汇聚成战胜一切困难和挑战的磅礴力量。港珠澳大桥管理局党委副书记、行政总监韦东庆说，建设者已经把大桥作为情感归属和精神寄托的载体，大家不愿意见到工程有任何瑕疵，精益求精，正是共同的精神追求成就了伟大工程、成就了世界奇迹。如今，上万建设者用青春、热血、智慧和汗水浇筑的大桥"由建转营"，港珠澳大桥管理局的100多名建设者也就地转入运营岗位。"进入营运期后，所有的建设管理人员都要有归零意识，不能居功自傲，不能有吃老本的思想。"朱永灵说，"在运营管理上我们都是'新兵'，没有经验，当然也没有包袱，可以大胆探索。一流桥梁要有一流运营。""逢山开路、遇水架桥"，这就是一个奋斗不息的伟大民族挺立在一个伟大时代的豪迈！

港珠澳大桥俯瞰如图 4-1 所示。

图 4-1

资料来源：新华社、吕梁日报

任务三　针对性团队建设与管理

案例导入 1

2003 年，翟雁与另外两名合伙人成立了北京惠泽人咨询服务中心（以下简称惠泽人），3 名股东组成了董事会。

在抗击 SARS 期间，惠泽人招募并培训了大批志愿者，开通了由医护人员及其家属提供心理服务的"天使热线"，并进入社区开展公益讲座和心理辅导，由此开始了社区专业化志愿服务之旅。2003 年，惠泽人又与北京市司法局合作开展社区心理矫正工作，越来越多的专业志愿者聚集在惠泽人。到 2004 年 5 月，惠泽人的志愿者团队已扩张到 200 多人，获得项目资助 20 多万元。领导人开始强化组织管理，修改组织章程。

惠泽人 2004 年的组织结构如图 4-2 所示。

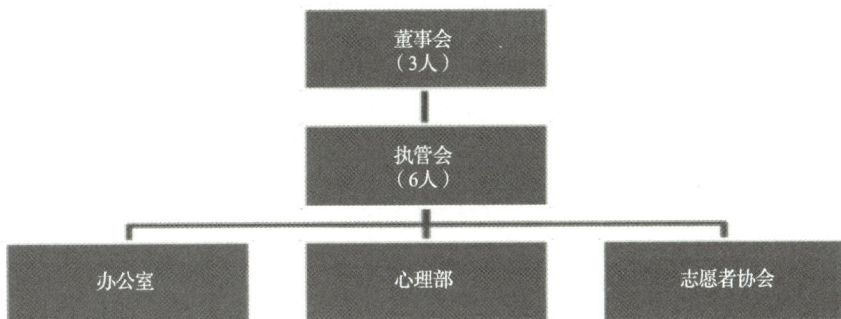

图 4-2

2006 年 7 月，惠泽人第一届理事会正式成立，并确立了惠泽人的社会使命（通过志愿服务的能力建设、创新实践和宣传倡导，提高志愿者对公民社会发展的贡献）和愿景（实现一个人人乐于志愿服务的公民社会），并根据战略规划重新调整了组织结构。

惠泽人 2006 年重新调整的组织结构如图 4-3 所示。

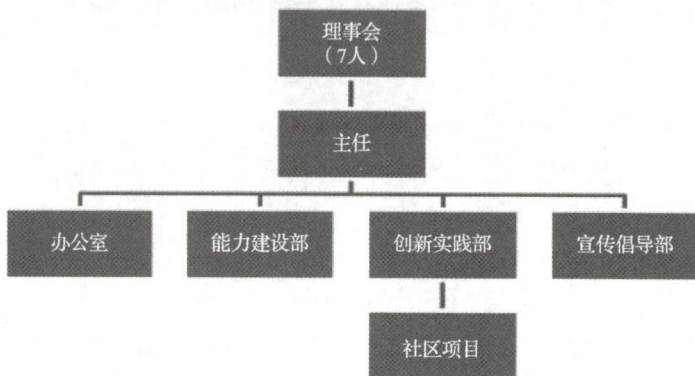

图 4-3

惠泽人在理事会的指导和帮助下开展了学习型组织建设活动，将其使命融入思想和行动之中，与战略合作伙伴英国海外志愿服务社共同开发了西部非营利性组织的志愿服务能力建设体系；与四川赈灾非营利性组织合作投身于赈灾志愿服务机制探索及其能力建设体系开发；开发中国扶贫志愿者管理体系等。

惠泽人 2008 年根据组织发展实际调整后的组织结构如图 4-4 所示。

到 2016 年，翟雁牵头成立了由 100 名专业志愿服务支持者联合发起并共同创办的非公募基金会——博能志愿公益基金会，并按照行业领域的不同将这 100 位联合创始人分成 10 类（包括 IT、法律、医疗、媒体、教育、金融投融资、社会创新、环保、养老助老服务等）。每个类别中的 10 人为一个小组，大家明确各自的责任、权力、利益，开展专业志愿服务。100 位联合创始人彼此之间纵横联合，形成一个公益服务行业的"微生态圈"，并结合现有资源，通过这个生态圈不断发展、衍生更为广阔的公益项目和平台。

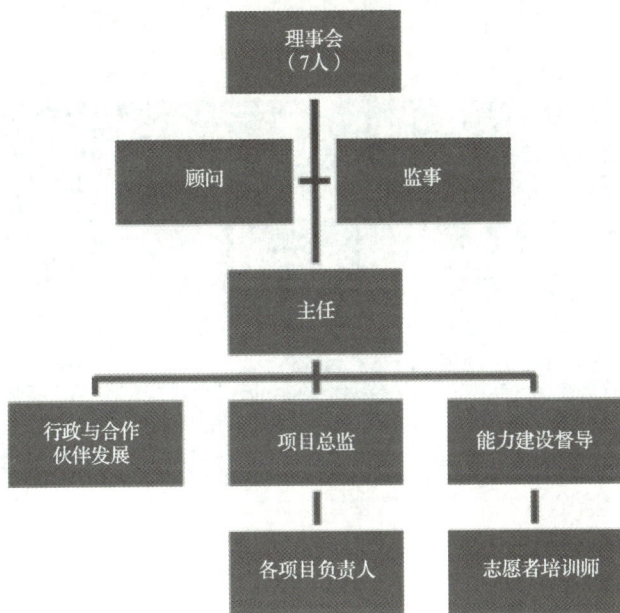

图 4-4

在新冠肺炎疫情爆发后，翟雁联合几位资深公益人迅速行动起来，启动了京鄂 iWill 志愿者联合行动，依托互联网信息平台，为疫区的社会组织和志愿者提供建制化专业志愿支持，同时为民众提供在线咨询和辅导。翟雁担任这次行动的总指挥，共有近 2000 多名专业志愿者参与，他们来自四面八方、各行各业。从 2020 年 1 月 23 日启动后两个月，这次行动已逐步形成了一种"三师联动"（社工师、医师、心理师联动）的在线服务模式，先后为 19 247 人次的居民提供了超过 37 723 个小时的线上服务，同时提供了 68 场在线心理疏导等培训与辅导，累计听课人次超过 10 万。

惠泽人还在继续自己的使命，也许在几年后，他们将搭建起一个中国志愿服务的联合行动平台，并形成某种机制，就像翟雁说的："只要路是对的，就不怕远。"

◎ 案例思考

惠泽人的组织架构有怎样的变化？这对团队建设与管理产生怎样的影响？

案例启示

> 惠泽人在发展过程中始终以志愿服务精神为社会公众利益服务。在发展过程中，惠泽人遇到了各种各样的考验，每个关口都需要创始团队不断反思、不断调试、不断试错，志愿服务精神是支撑惠泽人一次次站起来的最大力量。社会创业团队如何组建？选取什么样的人？如何用好团队成员？如何发挥团队成员的专长？如何留住团队成员？惠泽人一路走来有经验也有教训，只有设置合理的组织架构，遵从团队的社会使命，让专业的人干专业的事，发展之路才能越走越宽。

案例导入2

成都市青羊区有个远近闻名的文创产品公司——成都墨尔朵文化传播有限公司（以下简称墨尔朵），这里经常有居民光临，有的来拜师学艺，有的来体验藏羌刺绣，有的则是慕名而来参观文创作品。据了解，藏羌刺绣是藏族编织、挑花刺绣和羌族刺绣的合称，是千百年来形成的刺绣工艺，也是当地历史文化的重要组成部分，而墨尔朵的法人杨华珍正是国家级藏族编织、挑花刺绣工艺非物质文化遗产的传承人。

杨华珍和整个团队通过和各地高校开展合作、和国际品牌开展联合品牌商业活动、在成都周边开展许多教育培训活动，不断将藏羌艺术文化向世人传播，不断为藏羌艺术文化的传承带来源源不断的新鲜血液。

在当下，对一家具有明确社会使命的社会企业来说，是否具有市场接受的产品，并因此实现商业模式的闭环、实现"自我造血"功能是决定其能否长期可持续发展的重要因素。在意识到这点后，自2014年开始，杨华珍和她的团队就开始尝试和国际品牌合作，并将此定为墨尔朵发展的重要方向。

墨尔朵的第一个国际合作伙伴是知名的化妆品品牌植村秀，她为两款限量版洁颜油设计了具有民族特色的图案。后来，墨尔朵在 2014 年和稀捍行动合作，将羌绣口袋设计应用在衣服上，此次活动还引入腾讯公益的筹款平台。后来索菲亚家居股份有限公司慕名而来，一次性订购了上千个抱枕，采用的都是杨华珍和她的团队设计的图案。此后，订单纷至沓来。墨尔朵在 2016 年开始与星巴克合作；在 2017 年开始和我国香港的品牌合作；在 2018 年和日本的月饼品牌合作；在 2019 年与国潮品牌合作；在 2020 年，爱马仕品牌看中了墨尔朵的 5 米刺绣长卷《莲花生化图》和羌绣绣品《十二月花》，并将其合作为丝巾系列图案。

杨华珍和她的团队在前期主要立足于阿坝藏族羌族自治州藏族传统编织挑花刺绣协会，为当地免费培训了超过 3000 人次的妇女；从 2017 年开始将免费教育培训的主要对象扩大到成都及周边地区的妇女；和青羊区妇女联合会等政府机构合作，组织妇女们在文殊坊博物馆中学习刺绣，一方面丰富了当地妇女的精神生活，另一方面教会了她们一项能够养家的生活技能。

截至 2020 年年底，墨尔朵已经培训了超过 300 名成都及其周边的家庭妇女，其中有20 名绣娘成为墨尔朵的专职绣娘，剩下的则在家一边照顾家庭，一边专司绣工。这些在家的绣娘平均每小时的工资收入可以达到 10 元左右，而专职绣娘每月的工资在 3500～5000 元。这些绣娘通过自己的劳动为家庭创造了收入，大大缓和了各类家庭矛盾。

同时，墨尔朵在文化传播方面，通过非遗进社区、非遗进高校、非遗进寺庙等方式传承中国文化。墨尔朵还在 2017 年成功申请了专注藏羌织绣艺术人才培养的国家艺术基金的支持。获得基金支持的优秀学员折尔朵是寺庙出身的僧人。在 18 岁的时候，折尔朵被杨华珍和她的团队专门带到墨尔朵进行培训，从此折尔朵由入门到喜欢、再到成为专业人士。通过潜心学习，折尔朵已经成为藏区有名的刺绣唐卡师。在杨华珍所带的 20多个徒弟中，已经有 10 人被评为各级非物质文化遗产的传承人。

墨尔朵作为年轻的社会企业，将继续发扬创新精神，在现在及将来会有很大精力进入社区设立非物质文化遗产宣传站，开展社区培训，免费向公众开放参观，组织免费培训学习，扩大和其他企业的商业合作。

墨尔朵还希望在未来落地四川省新生代非物质文化遗产传承联盟，通过这个联盟把四川省的非物质文化遗产的传承人、设计师及相关的企业组织在一起，实现从创作到生产、再到市场的完善产业发展链，从而更好地履行墨尔朵关注文化传承、关注妇女的社会责任。

案例思考

墨尔朵作为社会企业，其运作模式是怎样的？其创新点在哪？杨华珍和她的团队是如何进行管理的？

案例启示

墨尔朵作为一家关注藏羌文化传承的社会企业，通过一家公司、一个协会、一个博物馆的架构更好地开展藏羌刺绣艺术品的抢救、传承、发展与传播。

协会和博物馆均以社会创业组织的形式存在，以更好地在艺术品的抢救、传承、发展与传播上发力。其中，协会负责非物质文化遗产传承人才的培训，博物馆负责文化梳理、研究和展示，墨尔朵负责相关文创产品的开放，并通过社会企业的方式树立品牌、打开销路，以保证传承发展事业的可持续。墨尔朵在盈利之后，可以培训更多的当地妇女，将技艺传承下去，并为当地妇女带来更多的收益，形成"三位一体"的良性生态链。

值得其他社会企业学习的是，杨华珍和她的团队注重社会效益、文化传播及文化传承，通过创新企业运作模式，拓展思路，关注妇女、关注中国文化，从而更好地履行社会责任。

相关知识

社会创业组织在建立社会创业团队后，还需要通过相应的措施对社会创业团队加以管理，才能使其不断发展和壮大。

第一，要更新观念，明确社会创业团队的宗旨与使命。社会创业组织应以明确的团队宗旨和社会使命为导向，以团队文化为纽带，以团队目标的实现为根本驱动力，将社会创业团队连接成一个有机的整体。

第二，提升团队成员的素质，为实现团队战略目标奠定基础。社会创业组织的工作领域十分广泛，大多是直接面对被服务的群体，所以对团队成员的要求会更多：不仅要求团队成员具备良好的基本知识素养和专业知识，还要求团队成员具备过硬的心理素质及意志力等。强化培训、建立合理的人才机制、打造一支优秀的志愿者队伍对社会创业团队的发展十分必要。

第三，寻找合作伙伴，增加资金来源。对于解决资金缺乏的问题，社会创业组织除了尽可能地争取更多的政府财政援助，寻找其他企业作为合作伙伴也是一个双赢的选择。通过企业获得需要的资金和援助，可提高公众对社会问题的关注度；企业则可以通过参与社会创业组织的宣传活动而实现更多的产品销售，还可以提高其员工的士气，打造良好的公众形象，获得更多的市场机会。合作形式可以是公益推广活动、共同的主题营销等。

第四，完善自律机制，制定团队规章制度，提升社会创业团队的社会公信度。面对可能由道德风险和信任缺失引发的不利局面，社会创业团队必须在自我约束的道德制度建设和自我强化的专业能力构建上下功夫，以制度为基准，提高自身的道德和专业素养，以便在复杂多变的社会环境中求得自身的生存与发展。

抗击侵略与建设祖国的最强音——《团结就是力量》

"团结就是力量，团结就是力量，这力量是铁，这力量是钢……"70多年前，一首《团结就是力量》在河北省平山县西柏坡镇北庄村唱响，并传遍大江南北。

在抗日战争时期，北庄村有50余名青壮年积极参军参战，其中1937—1940年就有35名青壮年加入赫赫有名的平山团。这个团因英勇善战曾被聂荣臻司令员赞誉为"太行山上铁的子弟兵"。1938年7月的《新华日报》发表长篇通讯《一个不平凡的县》，详细报道了平山县人民踊跃参军参战的事迹，平山县和北庄村以抗日模范之名而享誉全国。

1942年，毛泽东主席在《在延安文艺座谈会上的讲话》提倡文艺工作者要更进一步地深入生活、反映生活。西北战地服务团组织小分队深入到平山县参加斗争。小分队在抵达平山县后，迅速投入当地的减租减息斗争和保卫麦收工作中，并走进村舍巡回演出和宣传。文艺工作者被所见所闻触动，决定创作小型歌剧反映当时的情景。歌剧取名《团结就是力量》，综合大家建议，决定由牧虹同志写词、由卢肃同志谱曲，为该剧增加一个幕终曲——《团结就是力量》，并且于1943年在北庄村首演。《团结就是力量》这首红色经典名曲就这样在平山县首先唱响了。

在烽火硝烟的年代，这首歌成为团结中华民族抗击日本侵略的号角和心声，迅速成为中华民族抗战的最强音；在中华人民共和国成立后，这首歌又成为中国人民团结奋进建设祖国的传世经典。

实训环节四　建设社会创业团队

社会创业的发展离不开创新，社会创业团队要发展和壮大，同样离不开创新。只有系统性地持续创新和有计划地取舍，社会创业组织才能基业长青。通过本项目的学习，我们感受到了社会创业者在面临困境时的坚守和探索，也学习到了社会创业团队管理的探索与实践。请你跟随下面的操作指引，完成实训任务。

实训任务一　组建团队

操作一　社会创业团队选择团队成员需要考虑的因素

社会创业团队建设的成功，是很多因素集中的体现。请你结合以上案例，观察你所了解的社会创业团队，总结社会创业团队在选择团队成员时需要考虑的重要因素，完成表 4-1。

表 4-1

选 择 维 度	具 体 内 容
价值追求	1. 公益服务理念。 2. 与社会使命的契合程度。 3.
专业技术能力	
团队协作能力	

续表

选 择 维 度	具 体 内 容
其他	

操作二 社会创业团队建设与管理技术

本项目介绍的这些典型案例中的社会创业团队分别采取了哪些创新的团队管理方式？他们是如何解决人力资源问题的？你从中学到了什么？请完成表 4-2。

表 4-2

典 型 案 例	创新的团队管理方式	选人、用人、留人技术	学到的知识要点

实训任务二 建设与提升团队

请你结合本书中善淘网的运营与建设案例，完成以下实训任务。

操作一　岗位和职能设置

岗位和职能的设置来自你的产品或服务和社会创业商业模式所要完成的任务。善淘网作为一个在线慈善商店，提供线上与线下混合型闲置物品销售服务。请你回顾前文关于社会价值与商业模式的相关分析，确认以下问题：

（1）网络平台的开发与维护是不是善淘网的关键环节？　　□是　　　□不是

（2）社区慈善商店是不是善淘网的关键环节？　　□是　　　□不是

（3）闲置物品的捐赠活动是不是善淘网的关键环节？　　□是　　　□不是

（4）营销策划与宣传是不是善淘网的关键环节？　　□是　　　□不是

（5）物品分拣与处理是不是善淘网的关键环节？　　□是　　　□不是

（6）其他_____　　□是　　　□不是

岗位和职能设置由上述关键环节所需完成的任务决定，请你思考善淘网需要设置的岗位，填写表 4-3。

表 4-3

岗　　位	职能 （用结果而非过程进行描述）	是否为核心岗位	可 否 外 包
在线客服	（1）圆满解决客户咨询，促成购买行为与捐赠行为。 （2）设计维护日常网络销售平台各项物品的文字与图片内容。 （3）	是	可外包

续表

岗　　位	职能 （用结果而非过程进行描述）	是否为核心岗位	可 否 外 包

提　示

① 团队建设不是盲目的，岗位和职能设置是组建团队的第一个步骤。

② 岗位和职能设置应根据社会创业项目关键环节所需完成的任务确定。

③ 岗位和职能应用结果而非过程进行描述，如可能，则应尽量采用定量描述。

操作二　团队成员规划

组建团队除了要找到合适的人，还要用合适的激励方式把他们留住。而这些是在寻找团队成员之初就要思考清楚的。团队成员规划是团队建设与提升的基础工作。

按照团队成员的类型，我们可以把团队成员分为联合创始人、战略合作伙伴、核心成员、普通员工及志愿者等。不同类型的团队成员对不同岗位的作用不同，能够为团队带来的社会关系网络与支持资源也不同。请你为善淘网做好团队成员规划，完成表4-4。

表 4-4

岗　　位	人　员　要　求	团队成员的类型	激　励　方　式
	专业能力： 相关经验： 能带来的资源： 是否适合特殊伙伴：	□联合创始人 □战略合作伙伴 □核心成员 □普通员工 □志愿者 □其他	
	专业能力： 相关经验： 能带来的资源： 是否适合特殊伙伴：	□联合创始人 □战略合作伙伴 □核心成员 □普通员工 □志愿者 □其他	
	专业能力： 相关经验： 能带来的资源： 是否适合特殊伙伴：	□联合创始人 □战略合作伙伴 □核心成员 □普通员工 □志愿者 □其他	
	专业能力： 相关经验： 能带来的资源： 是否适合特殊伙伴：	□联合创始人 □战略合作伙伴 □核心成员 □普通员工 □志愿者 □其他	
	专业能力： 相关经验： 能带来的资源： 是否适合特殊伙伴：	□联合创始人 □战略合作伙伴 □核心成员 □普通员工 □志愿者 □其他	

提 示

① 团队成员规划便于你按图索骥，找到最合适的人。

② 团队成员规划是组建团队的第二步，需要在岗位和职能设置的基础上进行。

③ "人员要求"中的"相关经验"强调与岗位匹配的工作、学习经历，注重填写标志性成果要求，尽量采用定量描述。

④ "专业能力"和"相关经验"是必填部分，"能带来的资源"是选填部分。

⑤ "激励方式"根据团队成员的类型进行选择。

操作三　团队创始人

团队创始人是社会创业团队的核心，他的理想、信念、性格、素质影响着整个团队的氛围和效率，他对社会创业项目业务和方向的思考直接决定社会创业项目的发展。因此，我们将团队创始人提出来单独讨论，以引起大家足够的重视。

"互联网+"时代有什么特点？"互联网+"时代对社会创业团队创始人的要求有哪些？善淘网的创始人应具备哪些基本素质？请你完成表 4-5，所写内容要有代表性，而且语言要尽量精练。

表 4-5

"互联网+"时代的特点	
"互联网+"时代对社会创业团队创始人的要求	

续表

善淘网的创始人应具备的基本素质	

针对是否适合担任团队创始人，请分析你的优势：

项目五

步线行针，力学笃行——社会创业项目启动与计划管理

中国在社会创业的发展上进行了积极的探索，也面临着诸多挑战。要在互联网+时代开展社会创业活动，建立和经营一个社会创业项目并不那么容易。社会创业是有挑战性的，如果一个社会创业者要探究开展社会创业的可能性，要验证一个社会创业机会的可行性，就要从计划管理开始着手。

我国虽然陆续制定了社会组织、民办非企业单位和基金会管理条例，但法制建设仍然在路上，尤其对社会创业这个新兴事物的立法工作也十分迫切，当然，这也是世界上其他国家和地区共同面对的问题。因此，按规行事，注重学习合法性相关内容是启动项目的重要内容。同时，无论是商业创业还是社会创业，无论组织处于哪个发展阶段，都要制定创业计划，将想法清晰化。社会创业计划就是社会创业者计划开展具体业务的书面概要，它既是开展社会创业活动的一张路线图，也是衡量业务进展情况的标准，将会给未来的社会创业活动带来巨大帮助。

本项目从国内外经典案例入手，在国际视野中帮助学习者梳理社会创业项目的立法形式，比较国内不同注册形式的异同；通过通俗易懂的练习讲解相关的财务管理知识；通过乡村振兴中的创业项目介绍计划书的基本框架，进而通过善淘网和慈善商店案例开展相关的实训练习。

任务一 规圆矩方——社会创业组织的合法性

案例导入 1

在前面的学习中，我们提到了金羽翼的张军茹是一位非常典型的中国本土社会创业者。从她的身上，我们除了要看到社会创业者努力解决社会问题的价值导向，还要看到社会创业者所应具备的专业知识和能力，特别是知法、守法、用法的能力。

张军茹在开展金羽翼这个项目时，经过咨询专业人士和深入分析项目的特点，于2010年通过残疾人联合会申请注册了名为"北京市朝阳区金羽翼残障儿童艺术康复服务中心"的社会组织，社会组织类型为民办非企业单位。在有了法律保障后，张军茹开始认真研读民办非企业单位的各项政策要求，并在这些具体的要求之下开展项目建设。她意识到品牌保护的重要性，于是在注册民办非企业单位后不久，对金羽翼的金色飞翔之翼商标进行了注册。在2011年，金羽翼的金色飞翔之翼商标成为正式注册商标。

另外，在通过各种艺术康复方式帮助残障儿童成长的过程中，张军茹也特别注重对儿童所取得的各类艺术作品的知识产权进行保护。她认为儿童的创造力是无限的，她应该通过法律形式保护儿童的创新思想与创意作品，这样才能真正达到艺术康复与成长的目的。张军茹决定与残障儿童的家长反复沟通、签订协议，通过协议的形式规定各类康复培养项目使用到的肖像权、儿童绘画作品、音乐作品及其他作品的使用权均属于儿童，金羽翼只拥有使用权和开发权，这样就能充分保护儿童的创作利益。协议还规定各类艺术作品及衍生品（如明信片、画册等）销售收入的20%返还给残障儿童的家庭，80%用于金羽翼的艺术康复教学和整个项目的可持续发展。

金羽翼注册为民办非企业单位的信息如图 5-1 所示。

图 5-1

资料来源：中国社会组织政务服务平台

与张军茹的选择一样，本书中反复提及的善淘网的创始人周贤和她的伙伴们也是在开展社会创业项目之初就将其组织注册为民办非企业单位，组织的名称为"上海聚善助残公益发展中心"的民办非企业单位，组织的业务范围为"残障人士就业、创业给予扶持援助；公益助残机构的培育和扶植，组织开展扶贫助残活动"。可以看出，善淘网一直围绕自身设定的业务范围开展相关活动，并严格按照民办非企业单位各项规章制度的要求加强运营管理。

当然，本书其他案例中的社会创业组织并不都是以民办非企业单位的类型进行注册的，有的选择注册为工商企业形式。例如，通过剪纸艺术文化为血友病患者创造新生活的剪爱就选择以工商企业的形式开展工作。

◎ 案例思考

金羽翼注册为什么类型的组织？它是怎样守法、用法的？

案例启示

启动社会创业项目的第一步是了解相关的法律法规，在法律法规允许的范围内开展工作。张军茹首先注册了名为"北京市朝阳区金羽翼残障儿童艺术康复服务中心"的民办非企业单位，按照各项政策要求保障项目的社会使命不变形，又通过品牌商标注册和知识产权保护等方式用好法律赋予的各项权利，促进项目可持续发展。

案例导入 2

小林是一名大三的学生，因为喜欢传统刺绣手工艺品，立志要从事非物质文化遗产传承工作。在深入学习源于生活又崇尚传统文化的手工艺品的创作理念及丰富而多变的针法之后，小林决定与志同道合的伙伴着手启动一个名为"广绣复兴"的社会创业项目。为了更好地实施这个项目，小林开始详细学习国内外典型社会创业项目在法律层面的组织形式的异同。在学习完以后，小林发现国内和国外的社会创业组织形式大不相同，需要仔细梳理。

在国际视野中，通过立法形式予以确定的社会创业项目主要有两种形式：合作社、公司。国外的社会创业项目的立法形式一览表如表 5-1 所示。

表 5-1

类　　型	国　　家	立法名称及相关规定内容
合作社	意大利	社会合作社。意大利于 1991 年颁布第 381 号法律，规定社会合作社年度盈余的至少 30%交给政府主管的义务储备基金
	法国	集体利益合作社。法国于 2002 年颁布 624 号法律，规定集体利益合作社年度盈余的 57.5%交给政府主管的法定储备金
	波兰	社会合作社。波兰于 2006 年颁布《社会合作社法》，规定社会合作社不能向会员分配盈余，在解散时社员只能分配 20%，剩余的由政府收回

续表

类　型	国　家	立法名称及相关规定内容
公司	芬兰	工作整合型企业。芬兰于 2003 年颁布《社会企业法》，规定社会企业属于就业导向型企业，服务残障人士和失业者，必须在劳工部登记
	英国	社区利益公司。在英国于 2005 年颁布《社区利益公司规章》，规定社区利益公司的发展目标是实现社区利益，注册名称中必须包含 "CIC"，可分配利润不超过 35%，解散后各类资产不可用于股东分配，只能转移给其他社区利益公司或慈善组织
	美国	（1）低利润有限责任公司。美国于 2008 年后增设该形式，在佛蒙特州、伊利诺伊州等 7 个州实施。低利润有限责任公司被称为 "具有非营利灵魂的营利性机构"，投资回报率低于 5%。 （2）共益公司。美国于 2010 年立法确认，在马里兰州、加利福尼亚州、纽约州等 5 个州实施，规定共益公司每年必须公布其社会利益和环境价值报告。 （3）弹性目标公司。加利福尼亚州独有的形式，美国规定这类公司要明确其社会目标并公布其年度报告。 （4）社会目的公司。美国于 2012 年在华盛顿州修订并实施，规定这类公司要明确其社会目标、社会使命并公布其年度报告
	加拿大	社区贡献公司或社区利益公司。加拿大于 2012 年颁布《社区利益公司法》，规定这类公司的股东分配利润不超过年度利润的 40%，这类公司每年都要提交社区贡献报告
	比利时	社会目的公司。比利时于 1995 年修订《公司法典》，规定这类公司的股东可获得投资分红上限不超过 6%，剩余资产不得分配
	韩国	社会企业。韩国于 2006 年颁布《社会企业促进法》，规定社会企业以公司为组织形式，以提供就业岗位为目标，需要获得劳动部的认证，可分配年利润不超过 1/3。企业终止时，剩余资产的 1/3 可由投资人收回
	日本	日本于 1998 年颁布《特定非营利活动促进法》，将社会创业立法形式设置为 3 类。 （1）老年人照护型企业：这类企业的房屋改建装修和设计费用由政府承担，并享受政府其他补贴。 （2）工作整合型企业：以帮助残障和弱势群体提供就业岗位为目标的社会企业。 （3）社区商业型企业：以解决社区内特定问题并使社区居民受益的社会企业

　　小林在了解完这些内容后，结合自己项目的特点，决定先注册有限责任公司开展业务。后来小林又了解到目前全球已经有多个国家具备完整的社会企业认证体系，以此帮助政府、企业、社会组织、媒体、投融资机构和社会大众持续关注并解决社会问题。目前，国内有很多地方开展了社会企业认证工作，如果小林通过认证，他在开展社会创业

活动时就能得到各方面资源的帮助，也更加具有社会影响力与社会公信力。于是，小林向五里香学习，通过社会企业服务平台提交了社会企业认证申请。

案例思考

国外社会创业项目的立法形式有哪些？这些形式具有什么特点？

案例启示

> 国外社会创业项目的立法形式主要有合作社和公司两种形式，虽然在各国的名称不同，但都立足于解决社会问题这个初衷。同时，各国对社会创业活动的过程监管及利润分配方式等都进行了规定。国内部分的社会创业项目可以通过认证的方式获得政府等层面的认可，以促进自身的可持续发展。

相关知识

社会创业是建立在解决社会问题、推动社会进步愿景基础上的创业活动，其合法性的首要标志就是获得合法的组织形式。一般而言，开展社会创业活动的组织可以注册为两大类：民办非企业单位与工商企业。

民办非企业单位与工商企业的比较如表 5-2 所示。

表 5-2

类　型	基本介绍	优　点	缺　点
民办非企业单位	整体来说注册比较困难，但开展社会企业活动的组织一旦获得民办非企业单位身份，就非常有利于推广其服务理念，更容易获取政府、企业和公众的支持	能够从事注册范围内的经营活动，出售产品和服务；便于接受捐赠款，且在一些地区享有税收优惠；有利于参与竞标政府购买社会组织服务，发展空间大	不能接受股本融资，所有资产都属于社会，投资人不能参与分红

续表

类　型	基本介绍	优　点	缺　点
工商企业	整体来说较容易注册，运营起来也更加灵活，但对组织捐赠需要和政府购买服务需要来说，面临政策风险和不确定因素	易于注册，便于在国内大部分地区和行业领域活动。如注册为中外合资企业，则在股本融资和境外资金流入方面也比较畅通	接受境外的捐赠款障碍非常大；另外，在税收方面，对接受国内捐赠款也有限制

开展社会创业活动的组织除了以民办非企业单位或工商企业的身份出现，还可能以社会团队、农民专业合作社等形式开展工作，因此通过社会企业认证可以有力地促进社会创业领域的实践发展。最早开展社会企业认定工作的是中国公益慈善项目交流展示会，具体认定执行工作由社会企业认定平台负责。2020 年，社会企业认定平台推出了包括社会使命、社会企业利益相关方、价值创造与利润分配、环境与可持续发展 4 个方面的认证评价标准。

中国各地区也开展了具有区域特色的社会企业认证工作。2015 年，佛山市顺德区率先实施了社会企业认证和扶持发展工作。此后，深圳市福田区、成都市、北京市等纷纷拟定政策并开展社会企业认证工作。

课程思政

学好、用好《民法典》

2020 年 5 月 28 日，十三届全国人大三次会议表决通过了《中华人民共和国民法典》（以下简称《民法典》）。《民法典》于 2021 年 1 月 1 日起施行。《民法典》是中国第一部以法典命名的法律，在法律体系中居于基础性地位。《民法典》共 7 编、1260 条，通篇贯穿以人民为中心的发展思想，着眼满足人民对美好生活的需要。

《民法典》的每一编都有与社会组织相关的规定。这些规定直接或间接涵盖了社会组织的法人类型、财产属性、内部治理、活动准则及作用发挥等多个方面。其中，直接规定"社会团体"的法条有 4 条，直接规定"基金会、社会服务机构"的法条有 2 条，直接规定非营利法人的法条有 11 条，与非营利法人相关的法条有 80 多条。

就法人类型而言，《民法典》采取了营利法人、非营利法人和特别法人这一较为独特的分类方法，实现了法律规则的明晰和简化。《民法典》第七十六条规定："以取得利润并分配给股东等出资人为目的成立的法人，为营利法人。营利法人包括有限责任公司、股份有限公司和其他企业法人等。"《民法典》第八十七条规定："为公益目的或者其他非营利目的成立，不向出资人、设立人或者会员分配所取得利润的法人，为非营利法人。非营利法人包括事业单位、社会团体、基金会、社会服务机构等。"因此，营利法人与非营利法人的主要区分标准就是是否分配利润。这一二元格局让社会组织必须在二者之间做出选择，避免其在开展营利活动的同时又享受非营利法人的各种优惠待遇，确保公平竞争。另外，《民法典》第九十六条规定："机关法人、农村集体经济组织法人、城镇农村的合作经济组织法人、基层群众性自治组织法人为特别法人。"这就将部分基于公法而成立的公法人纳入法人的范畴，而这些公法人组织都在社会治理体系中承担各自的职能。《民法典》第一百零二条对非法人组织做出了规定，根据该条的规定，非法人组织是不具有法人资格，但是能够依法以自己的名义从事民事活动的组织，包括个人独资企业、合伙企业、不具有法人资格的专业服务机构等。这就将介于政府与企业之间、为市场主体提供各类专业服务的市场中介组织（律师事务所、会计师事务所、审计事务所、检验认证机构等）纳入其中。

同时，公益组织的捐赠合同、资助合同等，本质上都属于赠与合同。《民法典》也在相关条款中进一步强调了公益性赠与合同的社会价值和社会意义。

《民法典》是为公民生活制定的大宪章，是保障每个平等主体在社会活动中基本权利的法典。如果我们可以从保护的角度去学习《民法典》，并且学会借助其来保护自己，那么《民法典》无疑是保护公益组织和公益人的"铠甲"和"利剑"。

资料来源：法治日报、公益时报

任务二　细水长流——社会创业项目的财务管理

案例导入 1

如果说启动一个社会创业项目除了需要有效解决社会问题的模式和靠谱的团队还有什么是必不可少的，那就是资金了。启动资金从哪里来？在运营过程中缺少资金怎么办？这些问题都是社会创业者需要解决的。随着传统的基金会捐赠方式的效率和效果日益受到质疑，一些机构和个人开始探索新的、更加有效的公益资助方式，针对具有潜在社会影响力的社会企业进行投资的公益创投机构应运而生。

《诗经》有云："高山仰止，景行行止。"作为较有影响力的公益基金会之一，南都公益基金会于 2012 年开始着手实施一项名为"景行计划"的资助行动。景行计划选择资助对象的条件比较苛刻——公益行业中的领军机构或行业中的平台型机构。想获得景行计划支持的机构必须同时具备业务有效性、团队成长、行业带动性及面临发展瓶颈 4 个特点。景行计划的资助对象每年可获得 30～50 万元的资金支持，而且被资助期限不少于 3年。资金用途根据资助对象的实际情况各有不同：新业务研发、团队建设、经验梳理、战略规划、筹资、品牌传播，甚至财务建设、管理费用或行政费用等。如果资助对象的业务是帮助其他组织，那么资金用途甚至可以为帮助其他组织。目前，为更好地服务公益创新与社会创业项目的发展，南都公益基金会实施了新的战略规划，景行计划已经升级并入中国好公益平台项目。

恩派公益是在国际范围内较有影响力的支持性公益组织，致力于公益项目孵化、组织能力建设、社区服务提升、政府购买评估、社会企业投资、社会创业空间运营等领域。秉承"助力社会创新，培育公益人才"的使命，恩派公益首创的"公益孵化器"模式成为社会建设领域的重要制度创新，至今已孵化超过 1000 家社会组织及社会企业，涵盖养老、教育、环保、青少年发展、扶贫、助残、社区服务、社会工作等众多领域。上海屋里厢社区服务中心（以下简称屋里厢）由恩派公益发起，于 2008 年 12 月在上海市浦东新区注册成立。屋里厢作为立足于社区建设的支持型机构，以"助力社区发展，营造熟人社区"为使命，积累多年托管市、区、街（镇）级公共服务设施的经验，已基本形成托管运营和技术咨询服务输出的业务模式，积极参与社会建设整体规划，为社会组织的发掘和能力提升提供顾问咨询，培育社区内组织及引入专业社会服务机构，为社区居民提供"全人群、全过程、全方位"的专业化社会服务。

当然，广义的公益创投主体并不仅仅指各类实力雄厚的公益基金会，社会创业项目本身也可以成为微公益创投主体。善淘网就在实践微公益的道路上做出了有益的探索。2021 年，在各方的共同努力下，善淘网成功地建立了自己的第一个微基金——家园基金。家园基金包括 5 个极具特色的项目，分别是让爱回家慰老服务项目、急救知识普及项目、旧物的物尽其用项目、流浪猫救助及文明养宠宣讲项目、儿童心理赋能团体训练营项目。每个项目都是由社区居民自主报名，并由街道社区代表、善淘网的主理人及志愿者组成的评审团在评议之后实施的。这些项目意在深度服务社区建设，实现社区服务者和被服务者的深度连接，促进社区公益创新服务的可持续发展。可以说，家园基金正在开展一场社会创业项目在扎根社区之后反哺社区建设并改善社区服务的勇敢探索。

◎ **案例思考**

南都公益基金会和恩派公益在公益资助方面分别是怎样做的？善淘网的家园基金对你有什么启示？

案例启示

> 南都公益基金会实施的景行计划（现为中国好公益平台项目）选择资助公益行业中的领军机构或平台型机构，在从业务有效性、团队成长、行业带动性及面临发

展瓶颈 4 个方面对资助对象进行评估后，给予资助对象每年 30～50 万元不等的资金支持。恩派公益通过"公益孵化器"模式支持涵盖养老、教育、环保、青少年发展、扶贫、助残、社区服务、社会工作等众多领域的社会组织或社会企业发展。善淘网的家园基金是微公益创投的典型代表，从支持身边社区服务这类微型社区建设活动入手，开展社会创业项目早期孵化和资助探索。

案例导入 2

在本项目的任务一中，我们说到了小林准备启动名为"广绣复兴"的社会创业项目，团队成员在谈到该项目最薄弱的环节时，不约而同地认为是财务管理。小林和团队成员找到指导老师，向其详细学习财务管理工作对于社会创业项目的作用。

财务管理工作对于社会创业项目的作用如图 5-2 所示。

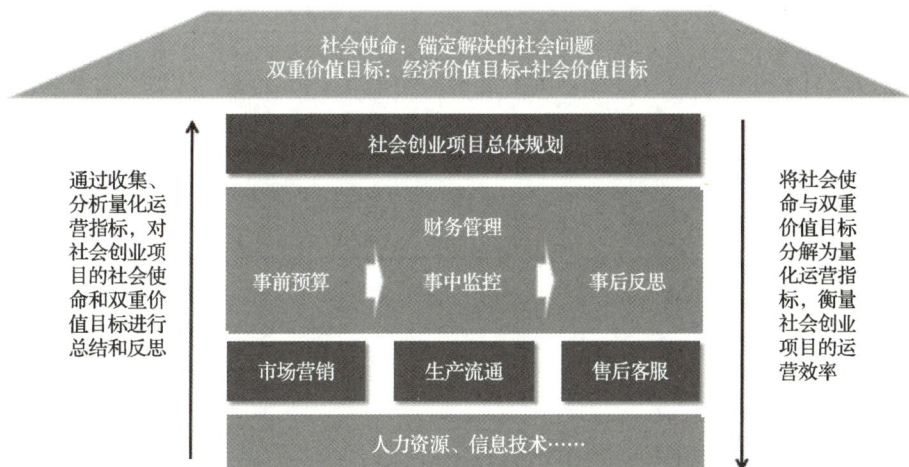

图 5-2

小林在经过学习后发现财务管理工作对于社会创业项目具有 3 个方面的重要作用：

133

一是通过财务预算工作，能够落实社会使命与双重价值目标，确立各项运营指标的监测依据；二是通过财务管理执行过程，可以总结、评估社会创业项目的可持续发展能力与抵御风险的能力；三是可以明确利润分配方式，以体现社会创业项目的公益性特征，同时通过各项量化运营指标体现社会创业项目的社会价值。

社会创业组织除以工商企业身份外，还会以民办非企业单位、社会团体等非营利性组织形式出现，指导老师也向小林介绍了以民办非企业单位注册的社会创业组织在财务管理上需要特别注意的地方。无论注册为何种形式，社会创业组织都要建立符合要求的财务管理制度体系，开展财务管理人员业务培训，强化财务管理业务监督。

民办非企业单位和工商企业在财务管理上的差异如表 5-3 所示。

表 5-3

类　　型	核 算 依 据	核 心 要 素	会计核算的主要原则
民办非企业单位	以民间非营利性组织会计制度等为核算依据	资产、负债、所有者权益、收入、费用、利润	（1）以实际发生的交易或事项为依据，如实反映组织的财务状况、经营成果和现金流量。 （2）提供的信息能够反映组织的财务状况、经营成果和现金流量，能够满足会计信息使用者的需要。 （3）应当以权责发生制为基础开展会计核算工作，合理划分收益性支出与资本性支出的界限
工商企业	以企业会计制度为核算依据	资产、负债、净资产、收入、支出	（1）以实际发生的交易或者事项为依据，如实反映企业的财务状况、业务活动情况和现金流量等。 （2）所提供的信息应当能够满足会计信息使用者（如捐赠人、会员、监管者）等的需要。 （3）应当合理划分应当计入当期费用的支出和应当予以资本化的支出

◎ 案例思考

财务管理工作对于社会创业项目具有什么作用？在启动社会创业项目时，创始团队需要注意什么？

案例启示

财务管理工作是社会创业组织细化双重价值目标的重要举措，能够让社会创业组织通过各项指标监测和掌控运营的全过程，确保社会价值目标不跑偏，并最终完成社会使命。在启动社会创业项目时，创始团队需要拥有财务管理理念，重视财务管理工作，在制度体系、人员配备和过程监督等方面加强建设。

相关知识

财务管理工作对于企业、民办非企业单位或其他组织的启动与发展都具有非常重要的作用。它是落实社会使命和完成双重价值目标（经济价值目标与社会价值目标）的具体体现，分为事前预算、事中监控和事后反思 3 个部分。社会创业组织要重视财务管理工作，就需要从财务预算、人员配备、财务管理制度等各方面不断加强建设。

除了需要掌握常见的财务管理核心要素，社会创业组织常常还要重视以下要素的管理。

（1）投资。投资包括短期投资、长期股权投资和长期债权投资。在投资方面，很多民办非企业单位的管理者，要么怕风险，不敢投；要么缺少投资方面的专业知识，不善于投，从而造成资金闲置或资金使用效率不高、资金管理不善等问题。当然，民办非企业单位对于做出的投资行为更要做好风险控制。

（2）存货。相比于企业，民办非企业单位或非营利性组织面对频繁的捐赠行为，因此对于捐赠物资要做好存货反映。

（3）收入。社会创业项目的收入按照来源分为捐赠收入、会费收入、提供服务收入、政府补助收入、投资收益、商品销售收入等主要业务活动收入和其他收入等。

另外，虽然相关管理规定不再要求社会创业组织进行年检，但是社会创业组织仍然需要通过网络进行年报公示，因此社会创业项目管理团队应及时了解各项财务管理规定，学会分析基础的财务报表，以便对各项财务管理指标进行科学管理，为完成社会使命打下坚实的基础。

课程思政

靠众筹筹集启动资金的文化书社

1920 年 7 月 31 日，长沙《大公报》发表了《发起文化书社》启示。9 月 9 日，文化书社正式开业。

文化书社创建的目的不是盈利，而是传播新文化，以"解决脑子的饥荒"。文化书社的社会使命是"愿以最迅速、最简便的方法，介绍中外各种最新书报杂志，以充青年及全体湖南人新研究的材料。也许因此而有新思想新文化的产生。"文化书社的创始成员的成本投入既不收回，又没有利息和分红，完全用于文化书社本身的运营。从这几个角度看，100 多年前的文化书社就是一家完全意义上的社会企业。

作为不分红的社会企业，文化书社的启动资金是怎样来的呢？1920 年 11 月 6 日，《湖南通俗报》刊登了《文化书社第一次营业报告》，其中写道："本社既为公共组织，出资作为公产，亦无利息，则股本收入，事势上只能以同情于本社宗旨，并相互了解之人为限。从八月二号成立会起至十月二十二号第一次议事会止，投资者有姜济寰、左学谦、朱矫、杨绩荪、方维夏、易培基、毛泽东、何叔衡、吴毓珍、易礼容……等二十七人，共收银五百一十九元。"在个人出资中，为了达到初定 1000 元的目的，文化书社积极、主动地向各方面筹资。至 1921 年 2 月，又有仇鳌、左式民、任慕尧等 19 人投资。这种发动社会有影响力人士投资入股的活动共搞了 3 次。

从上述资料来看，文化书社的启动资金来自时下时髦的众筹方式，创始团队成员发动大家入股。与商业投资不同的是，这种投资不要利息。而与公益捐赠不同的是，文化书社的全部财产为投资人集体所公有，但无论何时都不能取出。同时，文化书社还通过《社务报告》将经费收支细数、社员入股细数、工作人员名单都毫无保留地公之于众，将其作为一种资金筹措方式和财务管理方法。这种做法体现了文化书社的社会透明度，让公众放心投股，也为文化书社的长远发展奠定了基础。

湖南全省广大知识青年、工人和各界进步人士都从文化书社宣传新文化和新思想的书刊中获得了革命启发，激发了革命热情。湖南早期党组织负责人之一的李维汉后来评论说，影响最大，与建团建党工作关系最密切的莫过于创办文化书社这件事。

资料来源：人民网

任务三　谋定后动——社会创业项目计划书

案例导入

经过前面几个项目的学习，大家会发现一个可行的社会创业项目从产生创意、寻找机会，到商业模式创新，再到准备各项资源，最终会需要一份清晰、完整的社会创业项目计划书来进行整合与思考。无论是参加中国"互联网+"大学生创新创业大赛等这类比赛，还是启动一个公益创新与社会创业的项目，完成一份社会创业项目计划书都是必须要做的。对正在寻求公益创投资金的组织或者创业团队而言，社会创业项目计划书就是其第一张极其考究的名片。社会创业项目计划书的好坏，往往决定了寻找资助行为的成败。

在第十二届"挑战杯"中国大学生创业计划竞赛全国总决赛的现场，漠上金瓜团队的负责人薛景畅分 6 步向大赛评委和观众介绍其项目。第一步，他从自己的家乡——位于内蒙古西南部自然条件异常恶劣的恩格贝地区开始说起。地处鄂尔多斯市库布齐沙漠腹地的恩格贝地区，早年贫困户多，因 3.5 万平方千米的沙漠化土地造成农作物收成低而成为内蒙古贫困地区之一，后因引种治沙效果好，种植经济价值高的新型农作物成为带领百姓脱贫致富的关键机会。这一步的介绍直指产业背景和社会"痛点"。第二步，他把团队通过调研引进治沙效果好、经济价值高、市场前景广阔的"贝贝南瓜"进行推广种植，并通过技术改良建立种子库，实现因地制宜"提、改、扩"，解决传统种植过程中的六大难题的过程娓娓道来，介绍了产品内容和技术特点。第三步，他从"贝贝南瓜"3年来的供需关系和价格曲线对比入手，结合竞品分析说明了产品的市场价值。第四步，他从注册"漠上金瓜"产品商标，建立"公司+合作社+农户"的闭环形信息反馈机制角度对运营模式进行了详细说明，同时介绍了"兜底扶持"与"四层增收"相结合的收益模式。第五步，他把团队核心成员的情况与顾问团队的实力进行了展示，同时结合重要财务指标和关键数据把项目成效、助农成效、生态效益和社会效益做了详细说明。第六步，他从种植规模、农户增收规模、营业额等角度阐述了项目发展战略和财务计划情况，对于可能出现的风险点也给出了可行的解决方案。在介绍过程中，这个项目整合土地4530 亩，带动 217 名学生、进城务工人员返乡就业、创业，实现 472 户年平均增收 3 万元，让 157 名建档立卡贫困户脱贫的成果给大家留下深刻的印象，并最终获得大赛乡村振兴组别一等奖。

可以说，漠上金瓜团队正是靠一份逻辑严谨、论据充分又极具特色的社会创业项目计划书和清晰、流畅的现场展示获得大家认同的。其实，不仅是面向学生团队和处于筹备期的社会创业项目需要计划书，很多已经起步的社会创业项目或成熟的社会创业组织也在不断完善自己的社会创业项目计划书，这已经成为社会创业项目启动和运营的重要工作之一。

◎ 案例思考

漠上金瓜团队重点介绍了项目的哪些内容？制定社会创业项目计划书应该注意哪些方面？

案例启示

　　漠上金瓜团队重点围绕项目所在的地区、产业背景、社会"痛点"、产品内容、技术特点、产品的市场价值、运营模式、收益模式、团队实力、项目成效、助农成效、生态效益、社会效益、项目发展战略、财务计划和风险管理等内容进行介绍。这个项目从团队创始人家乡的实际发展困境出发，选择具有市场前景的技术和产品作为突破口，找到了一套既能创造经济价值，又能产生社会价值的独特运营模式，能够保证项目可持续发展，团队成员理念一致且有较强的互补性，这些都是制定一份清晰且可行的社会创业项目计划书需要注意的地方。

相关知识

　　一般来说，社会创业项目计划书必不可少的内容有项目摘要、产业背景、社会"痛点"、产品或服务分析、市场分析、运营模式分析、管理团队、发展战略、财务计划和风险管理几个部分。但它的内容也并不是一成不变的，我们可以根据社会创业项目计划书的作用，进行适当调整。如果社会创业项目计划书的主要目的是吸引投资，那么其具体内容应围绕这个目的而进行整体设计；如果社会创业项目计划书主要用于完善管理流程，那么其具体内容可以重点突出产品或服务分析、运营模式分析及财务计划等具体管理过程。如果社会创业组织处于初创期，那么社会创业项目计划书应侧重社会"痛点"分析与产品或服务分析；如果社会创业组织处于成长期，那么社会创业项目计划书应侧重市场分析与运营模式分析；如果是成熟社会创业组织内部的子项目，那么社会创业项目计划书应与社会创业组织整体发展战略相协调。

　　与商业创业项目计划书相比，社会创业项目计划书要特别注意以下几点。

　　（1）明确社会问题。在项目摘要与产业背景部分，社会创业项目计划书要结合社会

"痛点"，提出明确的社会问题；利用问题树等工具对社会问题进行深入分析。

（2）描述社会使命。在项目摘要或者产品或服务分析部分，社会创业项目计划书需要对项目承担的社会使命进行描述。社会创业项目计划书应通过逻辑严谨的论证过程阐述要完成这样的社会使命而需要进行的各方面的努力，如通过什么样的运营模式、团队配置和发展阶段完成既定的社会使命。

（3）描述和预测双重价值目标。在财务计划部分，社会创业项目计划书除了需要通过基本的财务指标或报表对社会创业项目创造的经济价值进行预测，还需要对社会创业项目创造的社会价值进行描述和预测（可以采用定量指标加定性指标的方式向利益相关者传达这部分信息，以求做到双重价值目标的平衡）。

课程思政

抗疫白皮书：人类公共卫生的中国方案

2020 年 6 月 7 日，中国国务院新闻办公室发布《抗击新冠肺炎疫情的中国行动》白皮书（以下简称抗疫白皮书），呼吁世界各国以此次疫情为鉴，反思教训，化危为机，建立健全全球公共卫生安全合作机制，建设惠及全人类、高效可持续的全球公共卫生体系。

这一呼吁秉持科学理性态度，旨在凝聚公共卫生层面的全球协作共识，共建一个升级版的全球化世界，筑牢保障全人类生命安全和健康的坚固防线，为人类公共卫生事业的发展提交了一份中国方案。

回顾人类历史，每次大流行病都是对人类认知和理性的重大考验，不同的应对方式决定了人类历史迥然不同的走向。我们不难发现，人类面对疫情的路径选择对人类社会的影响有天渊之别。科学理性者推动社会发展，情绪激进者则带来混乱和更大的灾难。

在经济全球化的世界，没有任何一个国家可以在疫情中独善其身。繁忙的国际航线让病毒得以在数小时内传播至全球，世界无疑已是一个卫生健康共同体。无论病毒在哪里出现，其信息都将占据各国媒体的头条。

曾担任美国国家安全顾问的理查德·丹泽格这样描述世界各国的相互依赖："21世纪的技术在分布上是全球性的，在后果上同样是全球性的。传染病、人工智能、计算机病毒、核泄漏……是所有人的麻烦。国际社会需要建立一套基于协商的情报共享机制，以及共同的危机应对计划、规范和条约，这样才能充分缓解风险。"

截至2021年9月，新冠肺炎疫情已在全球致死400多万人，给人类社会造成重创。但这对人类来说，也是一个史无前例的机会。正如中国在抗疫白皮书中呼吁的那样，世界各国应该摒弃狭隘的自我保护，共同建设一个更科学、更理性、更有国际协作精神的人类社会。

新冠肺炎疫情改写人类历史的剧本正在上演，而剧本的最终走向自始至终都掌握在人类自己手中。

资料来源：中国网

实训环节五　社会创业项目启动与计划管理

实训任务一　社会创业组织的注册形式辨析

社会创业组织的合法性常常用来描述社会创业组织的行为方式与现有政策、规范、文化的符合程度，这要求社会创业组织从启动社会创业项目开始就要关注各项政策、规范等的具体要求，并不断符合其标准。

社会创业组织在注册形式上有差异，有的以民办非企业单位等社会组织的形式注册，有的以工商企业的形式注册。善淘网的主办单位——上海聚善助残公益发展中心是通过注册为民办非企业单位来进行运营的。请你回顾本书前文中的相关分析，回答以下问题。

1. 请你查询上海聚善助残公益发展中心的相关信息，完成表 5-4。

表 5-4

组织名称	上海聚善助残公益发展中心
注册地址	
统一社会信用代码	
注册证书有效期	
法定 代表人	
注册资本	
登记机关	
成立日期	

2. 民办非企业单位的名称一般包括字号、行（事）业或业务领域和组织形式 3 个部分，名称应当与其业务范围一致，准确反映其特征。请你结合"上海聚善助残公益发展中心"和"北京市朝阳区金羽翼残障儿童艺术康复服务中心"这两个名称回答以下问题。

（1）这两个名称中的字号分别是

_____

（2）这两个名称中的行（事）业或业务领域分别是

_____

实训任务二　进行简单的财务分析

财务管理工作是社会创业组织细化双重价值目标的重要举措，管理团队需要结合各项财务指标对社会创业项目完成社会使命的过程进行监控与总结。在前面的实训任务中，我们已经掌握了善淘网通过哪些产品或服务为客户提供价值，接下来请你尝试通过简化版的财务报表重点分析其双重价值创造过程的预测计划（可以以年度或月度等为时间节点进行预测分析）。

操作一　认识收入预测表

通过项目三的学习，我们知道善淘网的收入来源主要有销售闲置物品、承接其他项目、政府补贴等。为了更直观地帮助大家认识社会创业项目的收入预测表，我们重点选取善淘网销售的主要闲置物品类别和服务项目为例进行实训操作。请你结合善淘网销售情况的特点，合理做出善淘网的收入预测，并填写表 5-5。

表 5-5

主要闲置物品类别和服务项目		1	2		小　计
衣物	销售数量/件	2000	4000		
	平均单价/（元·件$^{-1}$）	20			
	年（月）销售额/元				

续表

主要闲置物品类别和服务项目		1	2		小　计
厨具用品	销售数量/件	300	500		
	平均单价/（元·件⁻¹）	15			
	年（月）销售额/元				
皮箱皮具	销售数量/个	200	300		
	平均单价/（元·个⁻¹）	30			
	年（月）销售额/元				
家居用品	销售数量/件	400	500		
	平均单价/（元·件⁻¹）	30			
	年（月）销售额/元				
社区公益教育服务	销售数量/时	100	150		
	平均单价/（元·时⁻¹）	100			
	年（月）销售额				
	销售数量				
	平均单价				
	年（月）销售额				
	销售数量				
	平均单价				
	年（月）销售额				
	销售数量				
	平均单价				
	年（月）销售额				
合计	销售总量				
	销售总收入				

操作二　认识现金流量表

为保障可持续发展，管理团队需要重点关注现金流量表。请你在表 5-5 的基础上结合善淘网的实际情况，合理做出善淘网的现金流量预测，并填写表 5-6。

表 5-6

单位：元

项　　目		1	2		小　计
现金流入	年初（月初）现金	0			
	现金销售收入				
	其他收入（捐赠收入、政府补助、投资收益等）				
	可支配现金（A）				

续表

项　目			1	2		小　计
现金流出	现金采购	衣物				
		厨具用品				
		皮箱皮具				
		家居用品				
		社区公益教育教具				
	租金					
	营销费用					
	员工工资					
	其他业务活动（如筹资等）					
	现金总支出（B）					
可支配现金与现金总支出的差额（$A-B$）						
追加资金（若 $A-B<0$）						
年底（月底）现金						

提　示

① 在现金流量预测表（表5-6）中，第1年（月）的年初（月初）现金一般填"0"，年底（月底）现金必须大于或等于0，当年底（月底）现金流入小于现金流出时，管理团队必须追加资金。

② 上一年年底（月底）现金=下一年年初（月初）现金。

操作三　认识运营成本与价值创造预测表

在对收入和现金流量进行预测之后，管理团队还要分析社会创业项目的运营成本，以便对社会创业项目的可持续发展有更进一步的了解。同时，管理团队要对社会创业项目创造的社会价值究竟处于哪个水平进行合理的预测与分析。请你在对善淘网的收入和现金流量进行预测与分析的基础上，进行善淘网的运营成本与价值创造预测，并填写表 5-7 和表 5-8。

善淘网的运营成本与经济价值创造预测表如表 5-7 所示。

表 5-7

项　　目		1	2		合　　计
销售收入					
其他收入（捐赠收入、政府补助、投资收益等）					
成本	租金				
	营销费用				
	员工工资				
	其他业务费用				
成本	进货成本	衣物			
		厨具用品			
		皮箱皮具			
		家居用品			
		社区公益教育教具			
	总成本				
经济价值（总收入-总成本=盈余）					

善淘网的社会价值创造预测表如表 5-8 所示。

表 5-8

项　　目	具 体 内 容			
目标（社会、环境和经济）	为当地的残疾人创造工作机会	成为一个优秀的雇主	为社区提供服务	减少闲置资源浪费，实现资源再配置
具体活动	（1）针对残疾人的特点设计工作岗位。（2）通过设置岗位数量比例，保障残疾人的就业	（1）向残疾人提供适合的技能培训。（2）	（1）吸纳社区居民加入团队，为社区设计服务内容和流程。（2）	

续表

项　　目	具体内容		
定量指标	残疾人就业岗位数、就业人数、岗位比例等		
定性指标	残疾员工意见反馈		
社会价值	创造残疾人就业岗位 5 个，带动就业 10 人，保障 10 个家庭的基本生活	开展技能培训××场次，使××名残疾人获得技能提升……	

提　示

① 进行社会价值创造预测对社会创业者而言是一项重要的工作。

② 经济价值与社会价值均衡发展程度越高，社会创业项目的绩效越好，社会使命的完成度也越高。社会创业团队应该尽可能挖掘创造社会价值的能力和方法。

③ 社会创业团队需要在充分开展社会调研与市场分析后，按照 SMART 原则制订清晰的财务计划。

实训任务三　撰写社会创业项目计划书的概览

能够通过主题明确且翔实、周密的社会创业项目计划书和路演活动，全景式呈现社会创业项目的启动思路与发展规划是社会创业团队的一项基本技能。各级各类创新创业比赛基本都会将社会创业项目计划书作为重要的评比内容。完成一份内容繁杂的社会创业项目计划书并不是一件容易的事，你不妨先完成一份社会创业项目计划书的概览来为你的社会创业项目把把关。请你结合善淘网的案例完成以下实训任务。

作为一个基于慈善商店的社区公益生态平台，上海聚善助残公益发展中心旨在促进全纳融合、绿色环保、人人参与公益的公民态度和生活方式的形成，让有温度的慈善商店走进中国的每一个社区。请你以善淘网项目为主要内容，从项目摘要、产业背景、社会"痛点"、产品或服务分析、市场分析、运营模式分析、管理团队、发展战略、财务计划和风险管理等方面做简要概述，完成表 5-9。

表 5-9

序　号	核 心 要 点	主 要 内 容
1	项目摘要	（总体介绍，它是社会创业项目计划书的浓缩和精华）
2	产业背景、社会"痛点"	（通过产业调查与分析，明确社会问题）

续表

序　号	核 心 要 点	主 要 内 容
3	产品或服务分析	（产品或服务介绍，说明产品或服务的创新点）
4	市场分析、运营模式分析	（通过市场分析说明社会创业项目的可行性，介绍解决社会问题的运营模式的有效性与创新性等）
5	管理团队	（说明组织结构、团队成员与顾问队伍、权责分配等）

续表

序　号	核心要点	主要内容
6	发展战略	（介绍发展阶段与规模化扩张战略）
7	财务计划	（含财务报表预测，如收入、现金流量、运营成本与价值创造等、盈亏平衡分析与资金来源等）
8	风险管理	（介绍内外部风险预测与分析，以及解决方案与应对措施）

> **提　示**
>
> ① 项目摘要是整个社会创业项目计划书的浓缩内容，要尽可能一目了然、简明易懂。
>
> ② 社会创业项目计划书的内容要逻辑合理、重点突出，还要突出社会创业项目的特色与创新点。
>
> ③ 除了文字描述，有根据和有针对性的数据也必不可少。

参考文献

[1] 严中华. 社会创业[M]. 北京：清华大学出版社，2009.

[2] 陈迎炜. 中国社会创业案例集[M]. 北京：北京大学出版社，2013.

[3] 苗青. 社会企业：链接商业与公益[M]. 杭州：浙江大学出版社，2014.

[4] ANDERS L，YVONNE V F，ELISABETH S. 社会企业家：影响经济、社会与文化的新力量[M]. 黄琦，陈晓庆译. 北京：清华大学出版社，2016.

[5] 汪忠，唐亚阳，等. 公益创业学[M]. 北京：机械工业出版社，2019.

[6] 斯晓夫，刘志阳，等. 社会创业：理论与实践[M]. 北京：机械工业出版社，2019.

[7] 刘志阳，金仁旻. 社会企业的商业模式：一个基于价值的分析框架[J]. 学术月刊，2015（3）：100-108.

[8] 傅颖，斯晓夫，陈卉. 基于中国情境的社会创业：前沿理论与问题思考[J]. 外国经济与管理，2017（3）：40-50.

[9] 刘志阳，李斌，陈和午. 企业家精神视角下的社会创业研究[J]. 管理世界，2018（11）：171-173.

[10] 仇思宁，李华晶. 亲社会性与社会创业机会开发关系研究[J]. 科学学研究，2018（2）：304-312.

[11] 张锦，梁海霞，严中华. 电子商务专业教育融入社会创业教育的"精准对接"路径研究[J]. 职业技术教育，2018，39（23）：70-73.

[12] 曹森. 组织形式及社企认证意愿对社会企业绩效的影响[D]. 成都：电子科技大学，2019.

[13] 刘振，管梓旭，李志刚，等. 社会创业的资源拼凑——理论背景、独特属性与问题思考[J]. 研究与发展管理，2019（1）：11-20.

[14] 彭伟，于小进，郑庆龄. 中国情境下的社会创业过程研究[J]. 管理学报，2019（2）：229-237.

[15] 叶青. 把公平正义的价值追求贯穿法治建设各环节[N]. 光明日报，2021-01-29（11）.

[16] ROBIN S，NATHALIE M，JOHAN B. The social and economic mission of social enterprises：dimensions，measurement，validation，and relation[J]. Entrepreneurship Theory and Practice，2015（9）：1051-1082.

[17] SU X H，ZHOU Y，ZHANG S J. Social entrepreneurship from the perspective of opportunity：integration analysis based on Timmons Process Model[J]. Journal of Human Resource and Sustainability Studies，2019（7）：438-461.

[18] CHRISTLIEB J. Measuring social value creation：a quantitative study among social entrepreneurs[D]. Netherlands：University of Twente，2012.

[19] DEES G. Taking social entrepreneurship seriously[J]. Social Science and Modern Society，2007，44（3）：24-32.

[20] KEDMENEC I，REBERNIK M，Periþ J. The impact of individual characteristics on intentions to pursue social entrepreneurship[J]. Ekonomski pregled，2015（1）：109-137.

[21] SINKOVICS N，SINKOVICS R R，Czaban L. A reconceptualisation of social value creation as social constraint alleviation[J]. Critical Perspectives on International Business，2015，11（3）：340-363.

[22] HANS R，MICHAEL C，SCOTT L N. Social impact measurement：current approaches and future directions for social entrepreneurship research[J]. Entrepreneurship Theory and Practice，2019，43（1）：82-115.